Also sprach Papaji

Deutsche Übersetzungen von Papajis Büchern

Der Gesang des Seins
Teil von The Truth Is

Wach auf Du bist frei
Satsang mit H.W.L. Poonja Teil 1

Sei still!
Satsang mit H.W.L. Poonja Teil 2

Papaji Kraft der Gnade
Berichte aus erster Hand
von Premananda

Weitere englische Bücher von Papaji

The Fire of Freedom
Satsang mit Papaji Teil 1

Nothing ever Happened
Papajis Biografie in 3 Teilen

This
Prose and Poetry

Papaji Interviews
Interviews mit Papaji

Meeting Papaji
Berichte aus erster Hand
von Roslyn Moore

Nothing ever existed
is the ultimate truth.

H. W. L. Poonja (Papaji)
20/144 A , Indira Nagar • Lucknow - 226016 , U.P. • India
Tel. / Fax: (91) 522 / 381189

24-9-96.

Dear Yudhishthir,

Your Book 'Truth is' is very popular in India Also the satsang boys who leave Lucknow take with them few copies for their friends.

I have read your Schedule yesterday.

I wish you may write up to 50 page small booklet for uninterrupted reading for the people who have less time in fact I have not yet read the whole book

The name could be "THUS Spoke Papaji" or any other suitable name,

With Love Dear Yudhishthir

Poonja

ॐ

H.W.L. Poonja (Papaji)
20/144A, Indira Nagar: Lucknow; 226016,U.P.; Indien
Tel./Fax; (91) 522/381189 24-9-96

Lieber Yudhishtara,

dein Buch „Truth Is" ist in Indien sehr beliebt. Auch die Jungs aus dem Satsang, die Lucknow verlassen, nehmen ein paar Kopien für ihre Freunde mit.

Gestern habe ich gelesen, was du geplant hast.

Ich wünsche mir, dass du ein kleines Buch mit höchstens fünfzig Seiten schreibst, für die Menschen, die wenig Zeit haben. Zugegeben, ich habe das Buch auch noch nicht ganz gelesen.

Der Titel könnte „Also sprach Papaji" heißen. Oder ein anderer passender Name.

In Liebe, lieber Yudhishtara
H.W.L. Poonja

Also sprach Papaji

Erschienen bei Open Sky Press Ltd.
483 Green Lanes, London N13 4BS
office@openskypress.com

Open Sky Press Distribution
Rheinstr. 54, D-51371 Hitdorf

Die englische Originalausgabe erschien 2001 unter dem
Titel „This: Prose and Poetry of Dancing Emptiness“ bei VidyaSagar Publications.

Erste Auflage

ISBN 978-3-9812313-6-6

Titelgestaltung von Tara und Atma
Fotografien: Papaji Archiv, Almira, Bakti, Mukti, Premananda
Zeichnung von Radhika

Gedruckt in Tschechien

OPEN SKY PRESS
www.openskypress.com

Danksagung

Mein großer Dank gebührt Papaji, dessen großartige Satsangs zwischen 1990 und 1997 in Lucknow, Nordindien, dieses Buch ermöglicht haben.

Danke Prashanti, Vidyavati und Yudhishtara für die Zusammenstellung und Bearbeitung der englischen Ausgabe von *This, Poetry and Prose of Dancing Emptiness.* Diese deutsche Ausgabe wurde möglich gemacht durch die exzellente Übersetzung von Marcus Stegmaier. Danke Indira für das Editieren und Mahima und Henning für euer exzellentes Korrekturlesen.

Ein ganz besonderes Kompliment möchte ich unseren Grafikerinnen Tara und Atma machen, die das Fotoarchiv durchgegangen sind und fantastische Fotos von Papaji in seinen Sechzigern gefunden haben, als er seine Tochter Mukti in Europa besuchte, sowie spätere Fotografien aus den letzten Jahren seines Lebens in Lucknow, als er in seinen Achtzigern und umgeben von seinen Schülern war.

Danke auch an Radhika, Künstlerin und Schülerin von Papaji, für die schöne Zeichnung am Ende des Buches.

Premananda

Einleitung zur deutschen Ausgabe

Also sprach Papaji, Poesie und Prosa der Tanzenden Leere, hat mir in der englischen Ausgabe *This, Poetry and Prose of Dancing Emptiness*, über die Jahre hinweg große Freude bereitet. Da ich mittlerweile schon einige Jahre in Deutschland lebe, war ich sehr daran interessiert, es deutschsprachigen Menschen verfügbar zu machen. Deshalb freue ich mich, dass die Open Sky Press zustimmte, diese deutsche Ausgabe zu publizieren.

In einem Brief (hier im Buch als Faksimile abgedruckt und ins Deutsche übersetzt), der von Papaji 1996 geschrieben wurde, schlägt er für den Titel *Thus Speak Papaji* vor. Wir sind seinem Vorschlag gefolgt und haben diese deutsche Ausgabe *Also sprach Papaji* genannt. Auch an einigen anderen Stellen haben wir seine Originalhandschrift reproduziert: „Thus Speak Papaji" auf der Titelseite, „Truth Is" auf der Innenklappe und „Nothing ever existed is the ultimate Truth" unter seiner Fotografie. Ebenso am Ende des Buches unter Radhikas schöner Zeichnung „With Love H.W.L. Poonja".

Diese kurzen Gedichte und Prosastücke sind dem weit umfangreicheren Buch *Truth Is* (teilweise erschienen in der deutschen Publikation *Der Gesang des Seins*) entnommen, das für mich bereits ein moderner spiritueller Klassiker ist. Sie sind eine Sammlung spontaner Gesänge der Wahrheit, die von Sri H.W.L. Poonja (Papaji) während der Treffen mit seinen Schülern in Lucknow, Nordindien, zwischen 1990 und 1997 angestimmt wurden. Diese Worte flossen aus seiner makellosen Erfahrung der höchsten und doch einfachsten Wahrheit: dass wir reines Bewusstsein sind, die Totalität der Erfahrung.

Perfektes Erwachen ist nun für jeden Menschen möglich,
ungeachtet seiner Herkunft und Erfahrung
oder seiner persönlichen Umstände. Du bist bereits frei.
Alles, was neu erworben wurde, wird verloren sein.
Was ewig ist, ist immer in dir, als dein eigenes Selbst.

Papaji

Danke, Papaji, für alles, was du uns gegeben hast. Ich bin ewig dankbar. Mögen viele diese deutsche Ausgabe genießen.

Premananda 2010
Open Sky Press

Einführung

Dieses Buch ist eine Sammlung von spontanen Gedichten, die von Sri H.W.L. Poonja gesprochen wurden während der Zusammenkünfte mit seinen Schülern in Nordindien zwischen 1990 und 1997. Diese Gedichte entspringen seiner makellosen Erfahrung der höchsten und dennoch einfachsten Wahrheit: Dass wir reines Bewusstsein sind, die Totalität der Existenz.

Papaji, wie seine Lieben ihn nannten, wurde 1910 im Punjab als Sohn der Schwester von Swami Rama Tirtha geboren, einem von Indiens höchst angesehenen Heiligen. Er erkannte die Wahrheit, als er acht Jahre alt war. Diese Verwirklichung erblühte unaufhörlich in seinen Dreißigern, als er seinem Guru begegnete: Sri Ramana Maharshi, der Weise vom Berge Arunachala. Seitdem teilt er diese Schönheit durch seine weisen Worte, seinen Blick, seine Berührung oder allein durch seine stille spirituelle Kraft, die von seiner Präsenz ausstrahlt. Als er im September 1997 seinen Körper verließ, explodierte diese Kraft und ist heute mehr denn je auf der ganzen Welt spürbar.

Es kommt selten vor, dass ein Wesen wie Papaji eine Form annimmt und sich als Lehrer der kompromisslosen, absoluten Wahrheit manifestiert und spricht:

Schau nach innen,
dort gibt es keinen Unterschied
zwischen dir, dem SELBST und dem GURU.
Du bist immer FREI.
Es gibt keinen Lehrer,
es gibt keinen Schüler,
es gibt keine Lehre.

Wenn wir unsere wahre Natur vergessen und glauben, dass wir etwas Begrenztes und Bedeutungsloses sind, dann bietet er uns Worte uralter Weisheit an, um das Unaussprechliche zu erklären. Wenn der Zweifel zerstreut ist und die Illusion flieht wie die Nacht vor der Morgendämmerung, tanzen diese Worte auf einem Freudenfest unermesslicher Freiheit und Liebe. Und tatsächlich fordert er die Anwesenden in seinen kostbaren Satsangs häufig auf, sich zu Tanz und Gesang zu erheben.

Dieser geliebte Meister spricht einige der klarsten Worte, die gesprochen werden können, und weist gleichzeitig darauf hin, dass alle Worte nur ein Fingerzeig sind, der auf die Wahrheit hindeutet. Er verweist uns jeden Tag darauf, diesem Fingerzeig wachsam zu folgen und nicht an Worten anzuhaften. „Lass den Wortreichtum der Welt hinter dir", brüllt dieser lachende Buddha liebevoll, „und erkenne, worauf meine Worte verweisen. Wahrheit kann nicht gewusst werden, sie transzendiert Wissen. Sie ist jenseits des Verstandes mit seiner Fähigkeit zu analysieren, etwas herauszufinden, zu sezieren oder zu begreifen."

Von 1918 bis jetzt zeigte Papaji Tausenden direkt, dass die Wahrheit das großartigste Mysterium ist, nicht verschieden von unserem eigenen Selbst. Er führt uns dahin, uns der Weisheit unseres Seins hinzugeben und lässt uns erkennen, dass wir die Wahrheit sind. „Du bist das unveränderliche Gewahrsein, in dem jegliche Aktivität stattfindet. Ruhe immer im Frieden. Du bist das ewige Sein, unbegrenzt und ungeteilt. Sei einfach still. Alles ist gut. Sei still, hier und jetzt. Du bist Glück, du bist Frieden, du bist Freiheit. Hege nicht die Vorstellung, dass du inSchwierigkeiten bist. Sei freundlich zu dir selbst. Öffne dein Herz und sei einfach."

Er ist ein wahrer Meister, der auf tausend Wegen deinen Verstand anhalten kann, um dich bei der Erforschung dessen zu unterstützen, wer du wirklich bist, um deine Aufmerksamkeit direkt auf das Gewahrsein auszurichten, und um dich in die Unendlichkeit dieses Augenblicks zu führen. Wir sind gesegnet, einen solchen Zugang zu dieser grundlegenden Weisheit zu besitzen.

Wer DIES weiß, weiß ALLES.
Wer DIES nicht weiß, weiß überhaupt nichts,
mag er noch so gebildet sein.

Hindu *Bhakta*, christlicher Mystiker, Zenmeister, Schamane, taoistischer Weiser, Dzogchen Lama, Advaita *Jnani*, Sufiheiliger, Aghora Yogi, vedischer Gelehrter – was immer man möchte: Mit der Tiefe seines Wissens, der Breite seiner Erfahrung und der Klarheit seines Ausdrucks erweist er sich als ein Meister jeglicher Tradition.

Da Zeitlosigkeit die Lehren der Weisen auszeichnet, sind diese Gedichte ihrer Essenz nach zusammengestellt und haben deswegen keine zeitliche Abfolge, oft nicht einmal innerhalb eines einzelnen Verses. Um der Klarheit willen werden überall dort Kapitälchen verwendet, wo ein Wort auf das eine grundlegende Selbst hindeutet. Einige Beispiele sind: Wahrheit, Glückseligkeit, Licht, Jetztheit, Fülle und Bewusstsein. Die freudvolle Grammatik der Freiheit selbst könnte deinen Verstand anhalten. Abschließend gibt es noch zu sagen, dass wir in der Absicht, dieses kostbare Buch noch etwas auszudehnen und leichter lesbar zu machen, die ursprünglich vom Meister gewünschten fünfzig Seiten auf den jetzigen Umfang erweitert haben.

In Liebe und Dankbarkeit gegenüber unserem geliebten Satguru, der uns allen so viel gegeben hat: Es ist eine Freude, dir dieses Buch zu übergeben. Danke.

Yudhishtara, Vidyavati, Prashanti
Huntington Beach, Kalifornien
Thanksgiving Day, 1997

Möge Frieden sein und Liebe
unter allen Wesen des Universums.
Möge Frieden sein, möge Frieden sein,
Om Shanti, Shanti, Shanti.

Das Selbst ist, was du bist.
Du bist das Unergründliche,
in dem Erfahrungen und Konzepte erscheinen.

Das Selbst ist der Moment, der kein Kommen oder Gehen kennt.
Es ist das Herz, *Atman*, Leere.
Es scheint auf sich selbst, durch sich selbst, in sich selbst.

Das Selbst ist es, das dem Leben Atem einhaucht.
Du brauchst Es nicht zu suchen, Es ist hier.
Du bist Das, wodurch du suchen würdest.
Du bist, was du suchst!
Und Das ist alles, was ist.

Nur das Selbst ist.

Du bist das EINE, das sich der Bewusstheit
von Objekten und Vorstellungen bewusst ist.
Du bist das EINE, das selbst noch stiller ist als Bewusstsein.
Du bist das LEBEN, das dem Konzept des Lebens vorausgeht.
Deine Natur ist Stille und sie ist nicht zu erlangen,
sie IST immer da.

Du bist LEERE, die grundlegende SUBSTANZ:
Wird die LEERE aus der LEERE entfernt,
bleibt nur noch LEERE, denn jenseits davon gibt es nichts.

LEERE ist zwischen „es ist" und „es ist nicht",
und nichts ist außerhalb dieser LEERE, daher ist es die FÜLLE.
Um FREI zu sein, brauchst du die feste Überzeugung,
dass du diese URSUBSTANZ bist, dieser FRIEDE, diese LEERE.

Alles steigt empor aus,
tanzt in,
und kehrt zurück zu:
DEM.

Wie der OZEAN sich als Welle zum Tanz erhebt,
so bist du diese TANZENDE LEERE!

Du bist die ZEITLOSIGKEIT, in die kein Tod eindringen kann,
denn wo keine Zeit ist, ist auch kein Tod.
Diese ZEITLOSIGKEIT ist JETZT, und das ist SEIN.

Du bist SEIN, du bist nicht Gewesen-Sein
und nicht Sein-Werden, sondern SEIN!

SEIN erstrahlt immer.
ICH BIN ist das LICHT des SEINS.
Dieser DIAMANT kann sich nicht verbergen
und kann niemals verdeckt werden.

Du bist der RAUM, der sich niemals bewegt
und niemals seinen Ort wechselt.
Innerer und äußerer Raum existieren nur durch Namen und Formen.
Entferne diese Form aus dem Verstand,
indem du die Anhaftung beseitigst
an jedes Objekt, jeden Gedanken oder jede Handlung.

Hier,
Hier ist der Wein, den niemand kennt.
Alles ist im Hier und das ist Gewahrsein,
das allem im Universum zugrunde liegt.

Es – du – wohnt in jedem Atom und jedem Molekül,
und selbst Raum und Zeit verdanken ihm ihre Existenz.

Wer ist sich bewusst, dass du einen Körper
und einen Verstand besitzt,
und dass die Bewegung von Geburt und Tod
in eben diesem Gewahrsein ist?

Du bist Das: Alles Tun und Nichttun,
jegliche Vielfalt und jede Einheit ist im Gewahrsein.
Gefangensein heißt, dies zu verleugnen,
Freiheit heißt, Das zu kennen.

Du bist Das, *du bist Das!*

Gewahrsein.
Die Sinne können es nicht wahrnehmen,
und der Verstand kann es nicht verstehen.
Gewahrsein allein ist überall,
und steigt als „ich" in dir auf.
Es ist das Strahlen der Sonne
und die Bewegung der Erde.

Der Verstand kann nicht hingehen,
um es zu berühren oder zu erlangen,
und er wird es verfehlen, wenn er versucht, es zu finden.
Diese Versuche sind Bewegungen, die die Stille verdecken.
Es offenbart sich nur von selbst,
wenn der Verstand sich nicht bewegt.

Überprüfe alle Bewegungen des Verstandes,
nur für einen einzigen Moment,
halte alle Wünsche und Gedanken nur für eine einzige Sekunde an,
besonders den ersten Gedanken „ich",
nur für einen einzigen Augenblick,
und du befindest dich jenseits des Kreislaufs
von Geburt und Tod, für immer.
Dieser Kreislauf ist *Samsara*, deine eigene Vorstellung.

Sei STILL,
bleibe unberührt von deinen Gedanken und mühe dich nicht.

Gefangen sein braucht Bemühung, FREI SEIN ist mühelos.
Denken verdunkelt Es und wird Es niemals offenbaren,
also denke nicht.

FRIEDE ist jenseits von Gedanken und Bemühen.
Darum ist STILL SEIN der Schlüssel
zu dem Ort, wo LIEBE und FRIEDEN wohnen

Erkenne dich selbst als diese STILLE, als dieses NICHTS
und hüte dich davor, es zu einer Erfahrung zu machen,
denn das ist der Trick des Verstandes, dich daraus zu vertreiben
mit der Falle der Dualität;
der Falle von Wahrnehmendem und Wahrgenommenen.
SEIN ist SEIN,
da ist kein Wahrnehmender und nichts Wahrgenommenes.

Nach dem Loslassen der Objekte
halte auch nicht mehr am Subjekt fest, lass es los.

SEI STILL.

Der Sinn des Lebens ist, in FRIEDEN zu sein,
alle Wesen ZU LIEBEN und zu wissen, wer du bist.

Kenne dein SELBST und du weißt alles.
Dieses MAKELLOSE WISSEN allein ist,
LEERE allein ist.
Wie kannst du aus DEM herausfallen,
wenn es doch unbegrenzt ist?

Die Erscheinung einer Manifestation
ist nichts als das Spiel dieser LEERE.
Wisse, wer du bist, HIER und JETZT,
indem du einfach STILL BIST.

Du bist dieser AUGENBLICK,
lass deinen Verstand nirgendwo anhaften.

Nicht an Praktiken, nicht an Vergangenheit, nicht an Zukunft,
nicht einmal an die LEERE deines HERZENS
und auch nicht an die Weite.

Um für immer frei zu sein, bring dich in diesen AUGENBLICK.
Dieser AUGENBLICK ist immer dieses JETZT,
das sich niemals ändert,
Es ist FREIHEIT, frei von Verstand und Vorstellungen,
und es ist dein fundamentales Geburtsrecht.

Diesen MOMENT nutzt man am besten, indem man darin versinkt.
SEI STILL, du bist im INNEREN des Inneren.
Lass dich nirgends nieder und streng dich nicht an.
Das Konzept von Anstrengung und Praxis bedeutet Gefangensein.

Sei EINFACH STILL, wo du auch bist, sei EINFACH STILL.

Dieser jetzige AUGENBLICK ist LICHT, ist SELBST.
Dieser AUGENBLICK ist nicht Gefangensein oder Freiheit.
Er ist das Wertvollste, jenseits aller Vorstellung.

Dieser AUGENBLICK ist die Leinwand, auf die alles projiziert ist.
Er ist immer STILL und UNBERÜHRT und er ist außerhalb der Zeit.
Da ist kein Unterschied zwischen dem ABSOLUTEN
und dieser PRÄSENZ.

Um dieser AUGENBLICK zu sein, lass alle Wünsche los,
auch den Wunsch, in ihm zu sein.

Vor allem Anfang bist du reines BEWUSSTSEIN.
Du bist die FÜLLE der LIEBE in der LIEBE
und die LEERE der BEWUSSTHEIT.
Du bist die EXISTENZ und der FRIEDE jenseits von Frieden.
Du bist die Leinwand, auf die alles projiziert wird.

Du bist das LICHT des WISSENS,
das EINE, das dem Schöpfer
den Entwurf der Schöpfung überreichte.
Vergiss, was vergessen werden kann, und erkenne dich selbst
als das, was niemals vergessen werden kann.
Du bist der URGRUND, auf dem sich alles bewegt,
lass es sich bewegen.

Du bist DIES.
Du bist JETZT, du bist das JETZT:
Welches „Ich" könnte es da geben außerhalb von diesem JETZT?
Du bist WAHRHEIT und nur die WAHRHEIT ist.

Du wurdest niemals geboren, und wenn auch Wünsche geboren werden, nichts ist jemals geschehen, nichts hat jemals existiert!
Dieses NICHTS bist du, und dies ist die letzte WAHRHEIT.
Du bist vollkommen allein, denn allein SCHÖNHEIT ist.

Nur das SELBST ist.

Du kannst einfach nicht leugnen, dass du Bewusstsein bist.
Du wohnst im Lotus des Herzens als Freude in Glückseligkeit.
Sei still und du wirst dir selbst dein Selbst offenbaren.

Selbsterkenntnis ist Das,
und ist es wert, dass man alles dafür opfert,
denn alles andere ist nur ein Trugbild,
das sich aus dem Bewusstsein erhebt.

Das Selbst wohnt in allen Wesen,
also ist die Liebe der anderen die Liebe des Selbst, deines Selbst.
Das Selbst ist die größte Liebe und der Liebste aller Liebenden.
Liebe ist die Anziehung des Selbst zum Selbst im Selbst.
Es gibt nichts außer dieser Liebe, dieser Quelle der Freude.

Sieh deine eigene Schönheit,
und du bist dieses allem Innenwohnende, diese Liebe,
und die Schönheit selbst.

ॐ

Name und Form verbergen die WIRKLICHKEIT: Das ist die LEHRE.
Namen und Formen zu geben, steht der FREIHEIT im Wege,
weil dann der URGRUND, das BEWUSSTSEIN, nicht sichtbar ist.

Nennst du es eine Pferdestatue, verbirgt sich der Granit,
siehst du einen Ring, dann nimmst du das Gold nicht wahr.

Name und Form können das BEWUSSTSEIN niemals verlassen,
so wie auch der Ring das Gold niemals verlassen kann.

Bevor eine Welle sich erhebt, ist sie der OZEAN,
bevor ein Wunsch sich regt, ist er LEERE.
Zerstöre die Sehnsucht und das Gefangensein,
sieh dich als den ERFAHRENDEN, nicht als Erfahrung,
als SEHEN, nicht als Sehenden.

Du bist BEWUSSTSEIN,
nicht jemand, der bewusst ist.

Du bist vor Gedanken und Schöpfungen,
es gibt also keine Worte für DAS, was jenseits von Worten ist.
Das SELBST muss SICH SELBST nicht verstehen,
FREIHEIT ist vor der Vorstellung von Freiheit.

Du bist das, was bleibt,
wenn die Vorstellungen von „Ich",
von Verstand und Vergangenheit verschwinden.
NICHTS ist kein Konzept.

Ego, Verstand und alle Schöpfungen
steigen aus dem SELBST als SELBST auf.
Sogar der hässlichste Zweifel
und der trennendste aller Unterschiede
kommen aus der schönen QUELLE als DAS, WAS IST.

Im SELBST gibt es keine Vorschriften und Verbote.
Wenn da Unglück ist, bist du nicht unglücklich,
du bist das UNBERÜHRTE GEWAHRSEIN dieses Unglücks.

Wie Wellen nicht getrennt sind vom OZEAN
Sonnenstrahlen nicht getrennt von der Sonne,
bist auch du nicht getrennt von der EXISTENZ.
Du bist der AUGENBLICK, in dem alles ist.

„Ich bin der OZEAN, und alle sichtbaren Formen
sind meine Wellen, die auf mir tanzen“, das ist WISSEN.

Wenn Wellen aufsteigen, verliert der OZEAN nichts,
und wenn Wellen fallen, gewinnt der OZEAN nichts.

So wie die Wellen spielen, spielt auch der OZEAN.
Ich bin OZEAN, ich bin Wasser, ich bin Welle;
Eine Trennung zwischen Wasser
und Ozean und Welle kann es nicht geben!

Es gibt keine Unterschiede, keine Störungen,
keinen, der gestört werden könnte.

Ein „Ich“ aufsteigen zu lassen, oder irgendeinen anderen Gedanken,
heißt, eine Welle aufsteigen zu lassen.
Wasser bleibt Wasser, so lass alles einfach sein,
denn es ist dein eigenes SELBST.

Wie sich ein Fluss in den Ozean ergießt,
ergieße dich in das, was du bist:
FREUDE, GLÜCK, SEIN, KOSMOS.

Hier ist nur GEWAHRSEIN,
hier ist nur das SELBST.

Nichts ist jemals geschehen, nichts wird jemals geschehen.
Du warst schon immer vollkommene LIEBE und FRIEDEN.

Was sich verändert, ist nicht WIRKLICH,
und was WIRKLICH ist, kann sich niemals ändern.
Du bist dieses GEHEIMNIS, diese REINHEIT,
jenseits von Veränderung und Beschreibung.
Doch berühre das „Ich“, und du bist von Stolz befleckt.

Das Ich, geboren aus den Anstrengungen des Ego,
ist nicht das WIRKLICHE ICH.
Das WIRKLICHE ICH weiß, dass alles
meine Reflektion ist, meine Projektion.

Einfach zu wissen, „ich bin ICH BIN“, ist Mühelosigkeit,
ist Meditation und ist *SAHAJA*, der natürliche Zustand des SEINS.

GLÜCK ist INNEN. Das bist du.
WAHRHEIT ist INNEN. Das bist du.
SCHÖNHEIT ist INNEN. Das bist du.
LIEBE ist INNEN. Das bist du.

GOTT lebt in dir,
und du lebst in GOTT.
Entscheide dich: „Ich bin das SELBST, ich bin die WAHRHEIT,
ich bin GOTT, ich bin GNADE“,
dann wird es kein Leiden geben.

Zwischen zwei Wolken gibt es eine Lücke, und diese Lücke ist der blaue Himmel! Verlangsame die Gedanken und schau in die Lücken. Ja! Schau in die Lücken und gib der Lücke mehr Aufmerksamkeit als der Wolke! Der erste Gedanke ist vorüber, der nächste noch nicht da, DAS ist FREIHEIT, DAS ist BEWUSSTHEIT, DAS ist dein eigener Ort, dein eigenes Zuhause. Du bist immer dort, weißt du.

Das ist schon die gesamte Lehre. Schau immer auf das BEWUSSTSEIN: Schau *immer* auf das BEWUSSTSEIN und wisse, dass dieses GEWAHRSEIN du selbst bist! Dies ist dein eigener Ort, dein eigener Wohnsitz. Bleib HIER. Niemand kann dich berühren. Wer könnte HIER, wo du bist, eindringen? Nicht einmal dein Verstand kann herein.

Dieses GEWAHRSEIN hat keinen Namen, und wenn du versuchst, ihm einen Namen zu geben, beginnt das Leiden. Du bist namenlos und formlos; du kannst nichts sehen. Wisse: „Ich bin namenlos und formlos", und „Ich bin mir meines eigenen SELBST bewusst." Das reine BEWUSSTSEIN wird dich zurückholen, nicht du wirst darin eintreten. Wenn du selbst eindringst, dann ist es das Ego, das eindringt, wenn aber DAS dich holt, dann hat DAS sich entschieden, dich NACH HAUSE zu bringen. Das passiert irgendwie, und wir können nicht wissen, warum. Sehr seltene Wesen werden vom BEWUSSTSEIN ausgesucht. Einmal hineingezogen, sind deine Reisen zuende!

Gib dich GOTT hin, SEI STILL, und DAS wird sich um deine Angelegenheiten kümmern. Doch wenn du deine Dinge selbst in die Hand nimmst, kümmert sich GOTT nicht, und es wird so aussehen, als würde er sich verstecken.

Wünsche lassen dich leiden. Immer, wenn ein Wunsch aufsteigt, fühlst du dich davon angezogen, möchtest du ihn verwirklichen, und das tust du auch. Dann bist du glücklich, oder etwa nicht? Du denkst vielleicht, dass es das Objekt deiner Begierde ist, das dich glücklich macht, doch in Wirklichkeit ist es die zeitweilige Abwesenheit des Wunsches, die unmittelbar auf die Wunscherfüllung folgt, dieser Augenblick der Leere, der dich glücklich macht.

> Frei von Wünschen zu sein, ist Glück.
> Kehre zu deiner eigenen QUELLE zurück, und du bist glücklich.
> Das ist der Trick, um glücklich zu sein.

Wenn du ins Kino gehst, siehst du Bilder, die auf eine Leinwand projiziert werden. Einige davon stellen Berge und Flüsse dar, andere Liebesgeschichten, und manche handeln von Leuten, die von Räuberbanden angegriffen werden. Nach dem Film ist die Leinwand nicht nass vom Fluss, duftet nicht nach der Liebesgeschichte, und sie hat auch keine Einschusslöcher von den Pistolenschüssen. Die Leinwand ist makellos rein. Diese Manifestation ist nur eine Projektion von Wünschen, die in deinem Verstand auftauchen und dich dazu bringen, dass du dich für den projizierten Betrachter der Bilder hältst. Du bist nicht diese Projektionen, du bist die LEINWAND. Erkennst du dich als die MAKELLOSE, UNVERÄNDERLICHE, EWIGE LEINWAND selbst, die vor, während und nach der Vorstellung dieselbe ist, dann bleibst du unverändert und wirst unter den Veränderungen nicht leiden, sondern sie genießen.

ALLE WESEN sind diese eine makelose Leinwand. Es ist nicht nötig, Praktiken auszuüben, um „den Staub zu entfernen", denn sie ist jenseits von allem. Die Lehrer, die von dir lebenslange Übung erwarten, sollten den Staub von ihrem eigenen Verstand wischen.

Das Selbst ist der Satguru,
du bekommst Hilfe von innen.
Hier ist dein wahrer Wegweiser,
hier ist alle Weisheit und alles Wissen,
doch wegen deiner Sorgen kannst du Das nicht sehen.

Der Satguru ist innen,
Meditiere nur auf Das.

Halte dich nur an das Selbst, wenn du untergehst,
greifst du nach etwas anderem, so wirst du sterben.
Der wahre Lehrer ist das Selbst,
alles andere verweist auf das Selbst.

Halte an nichts fest, das aus den fünf Elementen besteht.
Der Guru hat keinen Körper, weder sichtbar noch unsichtbar.
Sei nicht abhängig von irgendeinem Körper,
sie sind nur Finger, die auf die Wahrheit deuten!
Der Guru ist dein eigenes Selbst, nicht das Ego-Selbst,
sondern das Selbst hier und jetzt.

Weise die Form des Gurus zurück,
und nur das Höchste bleibt.

Der SATGURU ist größer als alles andere, selbst als GOTT.
Der SATGURU ist WAHRHEIT-GEWAHRSEIN-GLÜCK,
und er ist wie die Sonne:
Man braucht keine Fackel mehr, um zu sehen.

Weil du die Sprache des SELBST nicht verstehst,
manifestiert sich der SATGURU als GURU im Außen.
Wenn du glaubst, einen Körper zu haben,
brauchst du einen LEHRER mit einem Körper.
Bleibe bei dem HEILIGEN, der dir FRIEDEN gibt.
Er ist wie ein schattiger Baum in der Wüste des *Samsara*.

Dieser GURU ist der Schlachter des Ego-Schafes.
Seine Aufgabe ist, dir zu sagen „ICH BIN IN DIR",
und dir die Gewissheit zu geben,
dass du EXISTENZ-BEWUSSTSEIN-GLÜCK bist.

Jeder WAHRE LEHRER sagt dir:
„Schaue nach INNEN, da gibt es keinen Unterschied
zwischen dir, dem SELBST und dem GURU."

Der GURU zeigt den SCHATZ,
der bereits immer HIER ist.

Den LEHRER erkennt man nicht
an den Diamanten auf seinem Kopf
oder an der Zahl seiner Schüler.
Erkenne den LEHRER daran,
dass er der EINE ist, der dir FRIEDEN gibt
und jede Sehnsucht, Anhaftung und Begierde beseitigt.

Der LEHRER ist jemand, der die WAHRHEIT kennt
und diese WAHRHEIT einem Demütigen vermitteln kann,
durch seinen Blick, seine Berührung, seine Gedanken
oder, wie der ARUNACHALA, durch STILLE.
Diese STILLE ist das LICHT, das sich nicht bewegt.

Der wahre LEHRER hat keine Schüler,
alles ist SEIN und nur die STILLE spricht.
Der vollkommene LEHRER hat keine Lehren,
denn er weiß, du bist bereits FREI.
Die Nicht-Lehre des wahren LEHRERS
ist also, dass es keinen Lehrer,
keinen Schüler und keine Lehre gibt,
und dass NICHTS jemals existiert hat.
Diese LEHRE muss wortlos sein,
und sie muss in deinem HERZEN landen.
Wenn du versuchst, zu verstehen,
wird sie nur in deinem Kopf landen.

Die Lehre kann nur vom Ewigen erteilt
und vom Ewigen empfangen werden.

Das Ewige hat dem Ewigen nichts zu geben,
also gibt es keinen Schüler und keinen Lehrer.

Du bist bereits Das,
nicht das Physische, Emotionale oder Mentale.
Lass diese Formen beiseite und finde heraus, was bleibt
und was es braucht.

Die Gnade des Selbst erzeugt den Wunsch nach Freiheit.
Die Gnade Gottes bringt dich zum Guru.
Die Gnade des Gurus entfernt alle Zweifel
und lässt nur Freiheit zurück.

Die Gnade des Gurus kann alles schaffen!
Sie kann das Schicksal ändern,
doch auch diese Gnade ist vorherbestimmt.

„Ich will frei sein“, ist die erste Gnade.
Es ist die Freiheit selbst, die dich ruft.
Dieser Wunsch wird dich dort hinbringen,
wo er herkommt: zum Selbst.
Alle anderen Wünsche werden in diesem Feuer verbrennen.

Die Gnade ist unabhängig davon, ob du dem Lehrer körperlich nahe bist oder nicht. Doch wenn die körperliche Präsenz des Lehrers verfügbar ist, sollte man sie nutzen. In dieser Hälfte des Jahrhunderts sind die meisten Lehrer nicht mehr hier in ihren Körpern, wenn also die Präsenz eines Lehrers verfügbar ist, dann nutze sie, so gut es geht. Die Zweifel, die in der Gegenwart des Lehrers im Verstand auftauchen, können dem Lehrer übergeben, beantwortet und geklärt werden. Später dann, wenn er nicht mehr da ist, hat man es schwer, die Wahrheit zu glauben, weil der Lehrer nicht da ist und sich diese Zweifel dann nicht so schnell klären.

Die Präsenz des Gurus ist *Satsang*.
Ziehe also den größten Nutzen aus
der körperlichen Präsenz des Lehrers,
denn die Natur dieser Gnade ist es, zu erleuchten
und den Kreis von Geburt und Tod anzuhalten.

Die höchste Erfahrung ist, wenn alles verschwindet, sogar GOTT. Bis passiert, wirst du immer wiedergeboren. Vergiss also alles, sogar das Vergessen, denn Vergessen und Erinnern gehören zum Verstand. Ohne Verstand kannst du deinen GOTT, deinen GURU, dein Land oder deine Eltern nicht sehen. Lass einfach nicht zu, dass du dich als Körper oder Verstand oder Person betrachtest, dann wird kein Vergessen oder Erinnern da sein. Vergiss zuallererst dich selbst, höre also auf, dich als einen Körper zu sehen. Du bist die ESSENZ, die nicht verschwindet. FINDE SIE!

Ich lehre DAS, was durch keine Lehre erreicht werden kann. Meine Lehre kann nicht gelehrt werden. Ich habe keine Lehre für die ESSENZ, von der alle Lehren kommen. Diese ESSENZ braucht keinerlei Lehre oder Nicht-Lehre, weil sie jenseits von allem ist. Sie ist dort, woher alle Worte kommen.

Der SATGURU ist INNEN.
Maharishi sagt dasselbe:

„Der SATGURU ist in deinem eigenen Herzen."

Satsang ist die Verbindung mit *Sat*, mit Wahrheit.
Sich nur mit Dem zu verbinden,
was nicht die Liebe zerstört, ist *Satsang*.

Wahrheit sein, zusammen mit dem Weisen in *Satsang* sein.
Da ist keine Vergangenheit, keine Zukunft, nicht dies, noch das,
nur deine eigene Natur, ein Feld der Schönheit.
Der Eine, der zum *Satsang* kommt, ist glücklich;
sogar Götter nehmen menschliche Gestalt an, um zuzuhören.

Die Rolle des Gurus im *Satsang* ist es,
dir zu zeigen, dass es keine Teile gibt.
Wenn du es nicht untersuchst, dann bestehst du aus Teilen,
und du wirst zu dem, was zerstört werden kann.

Satsang im menschlichen Körper ist so kostbar und selten,
vergeude es nicht durch die Frage, „Was ist dies und das?"
Frag einfach nur bescheiden: „Wer bin Ich?"

Lass im *SATSANG* nicht zu, dass dein Verstand abgelenkt wird:
Wenn du dich mit Stricken an die Vergangenheit bindest
durch Erinnerung und Konzepte,
bist du nicht im *SATSANG*.
Zeit ist ein Konzept, und *SATSANG* ist außerhalb von Zeit.
Bleib, wo es keine Stricke oder Konzepte gibt
und keine Ablenkungen oder Erklärungen.
Das ist die WIRKLICHKEIT.

Im *SATSANG* musst du deine Zweifel beiseite tun,
denn es sind nur Zweifel, die dich davon abhalten, FREI zu sein.
Diese Schlange des Zweifels, die in deinem HERZEN wohnt,
wird im *SATSANG* getötet.
SATSANG heißt, sich zu trennen von Überzeugungen,
Meinungen, Absichten, Wünschen und Illusionen;
dies ist das Geheimnis von FREIHEIT!

SATSANG ist ein Ort des RÜCKZUGS, der STILLE.
Es ist ein Ort in deinem HERZEN.

Komme zu diesem *SATSANG* nackt.

Bevor die GNADE des GURUS jemanden zum *SATSANG* bringt,
wirkt sie im Leben dieser Person. Sie manifestiert in ihr
die vielen Merkmale oder Befähigungen, die auftauchen,
wenn diese immer reifer und reifer für die FREIHEIT wird,
wenn der Schleier der Illusion dünner und dünner wird.

Die wichtigsten Voraussetzungen sind HEILIGKEIT
und *BRAHMAJIGNYASA*, ein brennendes Verlangen nach FREIHEIT.
Die nächste ist *VIVEK*, die Fähigkeit zur Unterscheidung
zwischen dem WIRKLICHEN und dem Unwirklichen,
dem EWIGEN und dem Vergänglichen
und zwischen FRIEDEN und Leiden.
Dann kommt *VAIRAGYA*, Leidenschaftslosigkeit und Abkehr
von der unwirklichen, vergänglichen Welt der Sinnesobjekte.

Andere Merkmale sind Bescheidenheit, Stillsein,
ein *dharmisches* Leben, ein gesunder Körper,
Erforschung, Hingabe und *Ahimsa*, Gewaltlosigkeit.
All diese Merkmale sind Aspekte einer einzigen Sache:
Das im Innern wohnende SELBST offenbart das SELBST sich selbst.

Diese Merkmale entstehen von ganz allein.
Täusche dich nicht, indem du dich auf sie konzentrierst.
Schaue immerzu nur auf das SELBST.

Das Floß über den Ozean des *Samsara*
ist der feste Entschluss, FREI zu sein.
Dieser starke Wunsch ist unbedingt notwendig.
Die Intensität dieses Wunsches ist der SATGURU selbst,
der Schmerz im Herzen ist das SELBST, das ruft.

Wünsche dir immer das SELBST, denn
du bekommst immer das, was du dir am meisten wünschst.
Der brennende Wunsch nach FREIHEIT ist genug
und er geht aus SEGNUNGEN hervor.

Auf der ganzen Welt,
Die, die sich FREIHEIT wünschen, sind wenige.
Die, die auf FREIHEIT brennen, sind sogar wenigere.
Die, die sich nur darauf ausrichten, sind sogar wenigere.
Die, die nicht mehr zu den Sinnen zurückkehren,
sind sogar noch wenigere.
Die, die sich bis auf des Messers Schneide begeben,
sogar noch wenigere.
Die, die von dieser Schneide nicht herunterfallen,
sind sogar noch viel wenigere.
Die, die das SELBST erlangen, sind so selten und wenige!
Strebe, strebe danach, es ist so selten, dass du HIER bist.
Ein Berg von Verdiensten bringt dich HIER her.
Verschwende ihn nicht!
STREBE!

Alles, woran du hängst, alles, was du liebst,
alles, was du weißt, wird eines Tages vergehen.

Dies zu wissen, und dass die Welt dein Verstand ist,
die du erschaffst, in der du spielst und an der du leidest,
ist als Fähigkeit zur Unterscheidung bekannt.

Unterscheide zwischen dem WIRKLICHEN und dem Unwirklichen.
Das Bekannte ist unwirklich und wird kommen und gehen.
Also bleibe mit dem UNBEKANNTEN,
dem UNVERÄNDERLICHEN, der WAHRHEIT.

Unterscheidung zerstört Anhaftung,
indem sie die Vergänglichkeit, die illusionäre Natur
des Objektes zeigt, an das du dich klammerst.

Alles, was erscheint und verschwindet, ist nicht wirklich,
und kein Nektar fließt aus ihm, also klammere dich nicht daran.

Hast du einmal losgelassen, kehre nicht zu ihm zurück.
Verweile als EWIGKEIT in deinem eigenen SEIN.

Wirklichkeit ist EINS, es gibt keine zwei Wirklichkeiten.
Entweder bist du wirklich oder das „Andere“ ist es.
Doch das „Andere“ gründet sich auf dich,
und deshalb bist du die einzige REALITÄT.

Deshalb musst du sogar GOTT zurückweisen,
das heißt: Weise deine Getrenntheit von GOTT zurück.

Das „Andere“ zurückzuweisen bedeutet,
zurückzuweisen, dass du vom „Anderen“ getrennt bist.

Vivek ist Unterscheidung.
Es ist der Intellekt, der fragt und bestimmt,
ob etwas vergänglich oder beständig ist.
Vivek ist die Wahl zwischen dem Glück des Selbst
und den Sinnesfreuden;
zwischen Frieden und Beeinträchtigung.

Mit *Vivek* greif zum Wirklichen,
sonst machst du einen Fehler.
Weise leben heißt, zu unterscheiden
zwischen dem Unwahren und dem Wahren,
zwischen Freude und Leiden,
und dann zurückzuweisen, was du nicht bist.

ॐ

Durch *Vairagya*, Nicht-Anhaftung an Gedanken,
weise alles zurück, was dich leiden lässt.
Doch solange du den Verstand nicht zurückweist,
ist jedes andere Zurückweisen nutzlos,
weil alles, was du zurückweisen würdest,
nur mit dem Verstand zurückgewiesen wird.
Nur das Selbst weist den Verstand als solchen zurück.

Alle Formen sind vergänglich,
und an ihnen festzuhalten bedeutet, verwirrt zu sein.
Was auch immer auftaucht,
sei es Denken, Wunsch, Empfindung, Emotion oder Objekt,
wird dich leiden lassen,
und niemand auf der Welt kann sich dem entziehen.
Sowohl der Genießende als auch das Genossene
werden hinweggespült.

Doch die Weisen unterscheiden
zwischen dem Wirklichen und dem Unwirklichen.
Sie wissen, was wirklich ist,
und so erlauben sie ihren Gefühlen und Gedanken aufzusteigen,
weil sie wissen, alles ist Eins und dasselbe!
So gibt es keine Anhaftung und kein Leiden.

Vairagya ist zu wissen,
dass es kein beständiges Vergnügen gibt.

Ein Weiser weist alles zurück für den Frieden.

Schau nach INNEN,
Nähere dich mit aller HINGABE,
Bleibe als HERZ.

Bewundere nur dich SELBST,
verehre dich SELBST, und suche dein SELBST,
für den Rest wird gesorgt.
Vermeide unnötige Aktivitäten und Vergnügungen,
und SEI einfach STILL.
DAS ist der natürliche Zustand.

Wenn du erwachen willst,
denke nicht und streng dich nicht an.
Das ist die einzige Möglichkeit.
Dies erscheint vielleicht als WEISHEIT durch Erforschung
oder als LIEBE durch Hingabe, doch beide sind dasselbe.

Wahre WEISHEIT ist die LIEBE des SELBST.

Das Hohe Selbst, die Innigste Liebe,
die Quelle der Freude, muss Tag und Nacht kontempliert werden,
was immer du auch tust, wenn du Jetzt die Freiheit willst.

Du kannst Gott nicht sehen, weil du Gott bist!
Wie kannst du Das suchen, was du bist?

Vernachlässige alles andere, sieh nur Das,
und alles wird dir gegeben.
Schau nur auf die Existenz.
Dieses Betrachten ist: einfach zu sein!

Geh direkt zum Licht.

Es ist nicht die Frage, ob man Zeit dafür hat oder nicht,
denn es ist DAS, was die ganze Zeit über ist.
Deine WAHRE NATUR ist GEWAHRSEIN,
sie kann nicht praktiziert werden.

Wenn du dies nicht weißt,
wendet sich das GEWAHRSEIN nach außen
zur Manifestation,
und dort ist Leiden.

Wende dein Gesicht nach innen,
zur Quelle des „Ich".

Dann fällt die Reflexion des SELBST auf den Verstand,
dem SELBST zugewandt, löst es den Verstand in das SELBST auf.
Wende dich dem UNMANIFESTEN zu,
dem SELBST und dem FRIEDEN.

Du hast die Wahl:
Nur für einen Augenblick weise alles zurück, was möglich ist,
dann wirst du DAS finden, worin alles ist.
Dann ist Manifestation der kosmische Tanz.

Erforschung ist PRÄSENZ selbst, also frage: „Wer bin ich?"
Das ist die einzige Frage, die nicht zu Leiden führt,
weil sie die Stricke der
Körper-Verstandes-Überheblichkeit durchtrennt.
Dies bedeutet, den Verstand aus seinen
Verstrickungen herauszuziehen
und ihn einzupflanzen in den Garten ZUHAUSE.
Erforschung ist LIEBE zum SELBST.

Dieser Ich-Gedanke ist BEWUSSTSEIN,
das sich des BEWUSSTSEINS gewahr ist,
doch was ist sich des „Ich" gewahr?
Frage: „Wer bin ich?", und finde heraus,
wo ist das grundlegende BEWUSSTSEIN?
Wer ist sich des Körper-Bewusstseins bewusst?
Dein Gesicht wird schließlich eines Tages
Futter für die Würmer werden!
Untersuche und finde heraus, wer das ist,
der durch dieses Gesicht hindurchscheint.
Nutze das JETZT so gut wie möglich, denn der Tod kommt schnell.
Bewege nicht deinen Verstand, SEI STILL.
Schließe die Fenster nach draußen, beseitige alle Veränderungen
und schaue nach INNEN, auf das UNVERÄNDERLICHE.

Die WAHRHEIT ist sehr einfach, mach sie nicht kompliziert.
Du musst im LICHT sein, um die Dunkelheit zu kennen:
Sei einfach deiner SELBST gewahr, des LICHTES.
Spring in das Feuer des WISSENS
und mach dir nichts aus dem, was passieren wird
mit deinem Kleid aus Konzepten und Konditionierungen.
Dieses Feuer verbrennt alles.

VICHAR sollte weitergehen, jeden Augenblick deines Lebens,
so natürlich wie der Vorgang des Atmens,
bis zu deinem letzten Atemzug.

Wie mein MEISTER sagt:
„Untersuche, bis keiner mehr übrig ist, zu untersuchen."

Die Gewohnheiten des Verstandes sind
sehr schwer zu durchbrechen,
und so müssen sie fortdauern.
Du warst viele Jahre unwissend,
wenn du also die WAHRHEIT kennst,
musst du eine Zeitlang ALS DIESE bleiben.
Was sonst ist wichtig?
Du musst sehr stark sein.
Stell den Verstand unaufhörlich in Frage.
Entscheide dich, niemals zur Dummheit zurückzukehren.

Wenn du in STILLE bist,
bleibe still als STILLE.

Du musst nur beobachten:
Wo steigt der Verstand auf?
Wo kommen die Gedanken her?
Was ist die Quelle dieses Gedankens?
Tauche zusammen mit diesem Verstand
zu seiner QUELLE, an der er seinen Anfang nahm.
Dann wirst du sehen, dass du immer schon FREI warst,
und dass alles ein Traum gewesen ist.

Beobachte deine Gedanken, wie sie aus dem Nirgendwo kommen.
Wenn etwas von nirgendwo kommt,
wie kann es irgendetwas sein?
Wie kann es irgendetwas sein,
wenn es nicht von irgendwo herkommt?
Alles muss irgendwo herkommen.
Wenn es nicht von irgendwo herkommt, ist es überhaupt nichts.
Wenn der Gedanke also von nirgendwo herkommt,
kann er überhaupt nichts sein,
denn nur nichts kommt von nirgendwo.

Es ist leicht.

Die Technik, zu deiner Quelle zurückzukehren, ist sehr einfach.

Äußere Anhaftungen
lassen nicht zu, still zu sitzen und zu meditieren.
Vermeide also für eine gewisse Zeit alle äußeren Anhaftungen,
so wie du es machst, wenn du schläfst und
eine friedliche Nacht hast.
Praktiziere dies tagsüber.

Der Augenblick, in dem du all deine äußeren Anhaftungen vergisst,
wird ein Geschmack von
überwältigender LIEBE und GLÜCKSELIGKEIT sein.
Dann wirst du langsam aufhören, nach außen zu schauen,
bis das Außen und das Innen dasselbe sind,
und so hören beide auf, zu existieren.

Streng dich nicht an und denke nicht einmal,
und du wirst wissen, wer du bist!
Denke nicht an Vergangenheit oder Zukunft,
und darin wirst du finden,
was du nie zuvor gefunden hast.

Doch wenige Menschen tun das und stattdessen
verschwenden sie ihr Leben
mit Übungen, die nur ihr Ego vergrößern,
weil sie sich mit all dem brüsten, um dem GÖTTLICHEN zu gefallen.
SEI also einfach STILL, streng dich nicht an,
und du wirst wissen, wer du bist!

Vorderseite
Mit seiner Tochter Mukti, in Indien unterwegs

Innenseite
Reisen in Spanien und USA

Rückseite
Feierlicher Umzug in Lucknow

M-884967

Sei einfach STILL,
lass die Dinge vor dir geschehen,
und genieße dieses Universum, das dir dargeboten wird.

Wenn du STILL bist, ist FRIEDEN in deinem Verstand, und du wirst FRIEDEN finden. Wenn dein Verstand aufgeregt ist, wirst du überall Aufregung finden. Finde also zuerst Frieden im INNEREN, und du wirst diesen INNEREN FRIEDEN überall sehen. Du bist DIESER FRIEDE! Du bist GLÜCK, finde es heraus. Wo sonst wirst du FRIEDEN finden, wenn nicht in dir selbst? Sei einfach still, erzeuge keinen Gedanken, und du bist FREI. Hege keinerlei Vorstellungen. Wenn du nicht diese Vorstellung hegst, bist du FREI. Die Vorstellung: „Ich bin der Körper" macht dir Schwierigkeiten, und du stimmst ihr zu und verstärkst sie in jeder Minute eines jeden Tages mit all deinen Beziehungen zu anderen Körpern oder Gegenständen. Wenn diese Vorstellung nicht mehr da ist, bist du FREI.

In dieser FREIHEIT wirst du sehen, dass der gesamte Kosmos und alle Körper du selbst sind und du bist all diese Körper. Nichts wird sich verändern, ein Berg wird ein Berg sein und ein Fluss ein Fluss, doch deine Sichtweise wird sich verändern.

Nimm also die Vorstellung „Ich bin frei", und beide Vorstellungen werden verschwinden. Du bist weder gefangen noch frei. Du bist einfach nur, was du bist. Wisse dies, und alle deine Vorstellungen werden verschwinden. Du bist nicht der Körper oder der Verstand oder der Intellekt oder die Welt. Du bist etwas anderes. Finde es heraus! Was ist dieses Ding? Sei einfach STILL und SIEH. Dann wird Es sich von SELBST entfalten. Es wird SICH SELBST offenbaren.

Zuerst sei STILL.

Wachsamkeit ist, wahrzunehmen,
was in das Haus des Verstandes eindringt.
Kämpfe nicht mit den aufsteigenden Gedanken,
sondern beobachte sie einfach.
Störe deinen Verstand nicht und zerteile ihn nicht.

Doch sogar dieses Beobachten geschieht durch den Verstand,
also setze deinen Schlag an der Wurzel der Illusion an,
indem du untersuchst: „Wer beobachtet die Gedanken?"
Sonst überlebt ein „Handelnder" als Beobachter,
und das ist der Verstand.

Ganz genauso
erzeugt der Wunsch, den Verstand zu töten, einen Mörder,
was nur Anstrengung und Bewegung sein kann,
nur der Verstand selbst.
Du kannst den Verstand nicht finden und töten,
er ist der zehnköpfige Dämon.
Schlage einen Kopf ab und ein anderer wächst nach, denn
„Ich bin gefangen" und „Ich bin frei" sind ein und dieselbe Falle.

Nur der Wunsch nach FREIHEIT wird dir helfen,
denn du bist, was du denkst.
Du denkst daran, den Verstand zu zerstören,
und schon wird der Verstand zum Zerstörer, aber nicht zerstört.
Denke nur an FREIHEIT, und du bist FREIHEIT.

SEI also einfach STILL, SEI einfach STILL,
SEI einfach STILL und streng dich nicht an!
Mach dir nicht einmal die Mühe,
die Last des „Ich"-Gedankens zu tragen.

Meditation ist, wenn der Verstand frei ist
und keine Gedanken festhält.
Lass die Gedanken kommen und gehen,
aber renne ihnen nicht hinterher.

Achte auf das, was gerade geschieht.
Das genügt, um dich glücklich zu machen.
Achte nur auf diesen MOMENT!
Wenn dieses Geschehen vergeht, klammere dich nicht daran.
Sich an Vergangenes zu klammern, ist das Problem, das jeder hat.
Das ist die Ursache von Leiden und Elend.

Was vergangen ist, kann nicht zurückgebracht werden,
es ist also vernünftig, sich nicht daran zu klammern.
Klammere dich einfach nicht an Vergangenes.
Hänge nicht an der Vergangenheit.

Frage dich: „Wer bin ich?"
geduldig, weise und aufrichtig,
wende dein Gesicht, das GEWAHRSEIN, nach innen.
Wenn du dem SELBST Angesicht zu Angesicht gegenüberstehst,
SEI einfach STILL.

Diese STILLE ist ohne Denken,
nicht einmal der „Ich"-Gedanke regt sich.
Diese STILLE ist der FRIEDEN von: „Es möge FRIEDEN sein."
Dieses STILLE ist der ewige WOHNORT.

An Erleuchtung zu zweifeln
ist Festhalten an Leiden und Gefangensein.
Das Leiden wird dich also nicht verlassen, bis der Zweifel es tut.

Zweifel und Negativität vergiften alles:
Verstand, Nahrung und Welt.
Eine Schlange kann ein einziges Mal töten,
aber ein Zweifel kann dich millionenfach töten.
Zweifel ist „Ich bin gefangen“ und „Ich leide.“

Deine Zweifel sind wie Wolken,
wie lange können sie vor der Sonne bestehen?
Doch Freiheit scheut sich nicht vor Zweifeln,
wenn also Zweifel kommen, lass sie kommen,
und wenn sie gehen, lass sie gehen.
Jedem Zweifel, der erscheint,
sage einfach: „Ich weiß, wer ich bin!“

Du sagst, ein „Teil“ von dir hat Zweifel!
Es kann keinen Teil von dir geben, der Zweifel hat,
weil du das Ganze bist, das keine Teile hat.

Prüfe deine Vorstellungen und Absichten und erforsche:
„Was ist diese Bewegung des Verstandes?“
Die Leute verwechseln Erforschung mit Yoga und Meditation.
Yoga ist die Vereinigung mit dem inneren Subjekt.
Meditation ist die Konzentration auf ein äußeres Objekt.
Erforschung steht in keiner Beziehung,
weder zu etwas Innerem noch etwas Äußerem.
Erforschung ist, herauszufinden, wer du bist.

Dann, wenn „Wissen“ wegfällt,
zweifle nicht an dem, was bleibt.
„Ich weiß nicht“, das ist WISSEN.
Wer ist dieses „Ich“, das nicht weiß?

Es ist sehr wichtig, sich zu erinnern:
Schlafende Neigungen steigen als manifeste Gedanken auf.
Sogar Götter werden dich in Versuchung führen,
und nur BUDDHA überlebt.
Weise also die himmlischen und irdischen Vergnügungen zurück,
was nicht HIER ist, wird niemals FREIHEIT sein.

Gib alle Zweifel auf.

Du kannst nur das erfahren, was du nicht bist.
Nur Vergänglichkeit kann erfahren werden,
denn der Erfahrende ist selbst vergänglich.
Gib also die Vorstellungen auf von Erfahrung, Name und Form.
Berühre Name und Form nicht, SCHAU NUR!
Sage „Ich", und alle Objekte sind da.
Schau auf das „Ich", und alles löst sich auf.
Lass das „Ich" auf das „Ich" schauen.

Erforschung ist, zunächst einmal das „Ich",
den Erfahrenden zum Objekt zu machen,
und dann auf das Subjekt zu schauen,
das sogar das „Ich" zum Objekt gemacht hat.
Erforsche, wer das SUBJEKT ist, das das Subjekt zum Objekt macht.
Dieses SUBJEKT ist der SEHENDE.

Mein MEISTER, Ramana Maharishi, sagt zu mir:

> „Gott ist kein sichtbares OBJEKT, ER ist das Subjekt.
> ER kann nicht gesehen werden, ER ist der SEHENDE,
> FINDE diesen SEHENDEN."

Mein HERZ ist geöffnet.

„Finde den SEHENDEN", das ist die LEHRE.

Wir leben alle im Nektar des Selbst,
und dennoch weinen wir alle: „Wir leiden!“
Jeder ist in göttlicher Gnade.
Gnade umgibt jeden,
innen und außen und überall.
Und dennoch sind wir nicht zufrieden.

Wenn der Verstand still ist, ist alles das SELBST.
Wenn der Verstand sich bewegt, erscheint die Welt.
SEI also STILL, wirf alles weg und sei FREI.

Wenn der Verstand rein ist,
wirst du das SELBST in allen WESEN sehen.
Höre auf, mit dem äußeren Auge zu sehen,
und das GÖTTLICHE Auge wird sich öffnen.

Wenn Gedanken kommen, lass sie kommen.
Wenn Gedanken gehen, lass sie gehen.
Keine Vorstellung von FREIHEIT, ist FREIHEIT,
kein Wollen von FREIHEIT, ist FREIHEIT.

Verstehen bedeutet, alles zum Objekt zu machen.
Enthülle dein SELBST, indem du das Verstehen wegwirfst.
Durch Bemühung oder Verstehen wirst du die QUELLE nicht finden,
denn alle Fragen und Antworten kommen vom Ego.

Finde heraus, woher das Ego kommt, und es wird verschwinden.

Existenz, Bewusstheit, Glückseligkeit;
nur der Ego-Geist-Verstand hört diese Worte.
Lass sie nicht dazwischenkommen,
analysiere nicht, was du gehört hast.

Wenn du an Leere denkst, bist du nicht mehr in ihr.
Von der Freiheit sprechen nur Gefangene.
Gesprochene Freiheit braucht Gebundenheit,
um frei von ihr zu sein.
Jemand, der immer frei ist, spricht darüber nicht.
Erforsche selbst dein Selbst und sei frei!

Diese Freiheit kannst du nicht mit Worten beschreiben.
Die beste Beschreibung liegt in den Augen und im Gang
dessen, der betrunken ist von der Glückseligkeit des Selbst!

Wenn du FRIEDEN erlangt hast,
wird der Verstand zurückkommen.

Lass ihn einfach kommen,
beobachte einfach, von wo er aufsteigt.
Erlaube dem Verstand, zu rennen,
aber indem du ihn zum JETZT führst,
lass ihn nicht auf dem Friedhof der Vergangenheit landen.

Sich an die Vergangenheit zu klammern,
heißt, in schlechter Gesellschaft zu bleiben.
Wenn du meditierst,
werden dich alle Muster der Vergangenheit verlassen.
Der Trick ist, die volle Aufmerksamkeit auf den auszurichten,
der meditieren möchte.
Denn wenn das Haus voll ist, kommen die Diebe nicht hinein.
Erwarte nichts und suche nicht, dann wirst du es finden.

Versuche nicht,
die erscheinenden Gedanken und Erfahrungen zu unterdrücken,
bleib einfach wach und lass sie kommen.
Erforschung bringt die Schlangen zum Vorschein.

BLEIB WACHSAM, BLEIB WACHSAM.

Der Wunsch nach Beständigkeit von Klarheit
ist ein Trick des Verstandes, denn Beständigkeit ist in der Zeit
und schiebt nur auf, was HIER und JETZT ist.
Finde die Quelle dieses Wunsches.
Wenn „noch einmal“ noch mehr bringen soll, ist es nutzlos.

Jeder ist SCHÖN,
doch wenn du eine Bettelschale in deiner Hand festhältst,
verlierst du es.
Versuche nicht, Glückszustände zu besitzen,
wirf deine Tasche weg.

Die wahre Natur ist LEERE, und dies ist FRIEDEN.
Lass die Dinge kommen und genieße sie,
aber versuche nicht, sie zu besitzen.
Mach dir keine Sorgen, LIEBE kann nicht verloren gehen.

Der GELIEBTE wird dich nicht verlassen, selbst wenn du diese SCHÖNHEIT nur für eine Sekunde siehst. Es ist der Verstand, der diese Furcht und Anspannung mit sich herumträgt, doch sie sind nicht wahr. Mach dir keine Sorgen, es wird beständig an dir festhalten. Du glaubst, es verloren zu haben, doch es ist nichts verloren. Wenn du diesen flüchtigen Einblick nur für einen Augenblick hast, ist es vorbei, doch wenn du deine Anhaftungen darüberlegst, kannst du es nicht sehen, obwohl es immer noch da ist.

Das SELBST ist immer präsent,
GLÜCKSELIGKEIT ist immer präsent.
Du musst nicht dafür arbeiten, um es zu erlangen,
beseitige nur die Hindernisse, die dir die Sicht darauf versperren.
Das Hindernis ist nur ein einziges:
Anhaftung an die Vergangenheit.

Wenn du dich nicht an einen Gedanken aus der Vergangenheit bindest, ist es bereits HIER, und dies wird Erfahrung genannt, siehst du? Die Erfahrung DESSEN ist da, wenn es keine Sperren gibt, keine Hindernisse, keine Anhaftungen.

Durch die Gewohnheit, nach außen zu den Objekten zu gehen, vergisst du, dass das, womit du beschäftigt bist, nur eine Projektion auf der Leinwand ist. Weil du dies vergisst, geht die Identifikation mit dem stillen Zeugen hin zur Identifikation mit der Projektion. Du vergisst, dass du die Leinwand bist, auf der diese Projektionen entstehen und vergehen.

Verstand ist die Gewohnheit,
mit seinen Objekten beschäftigt zu sein.
Er kann nicht gleichzeitig still beobachten
und darin verwickelt sein.
Wenn du zu irgendeinem Objekt gehst,
wird es dir niemals FRIEDEN geben.
Geh nirgendwohin, um FRIEDEN zu finden.

FRIEDEN ist in dir.
Du bist dieser FRIEDEN.

Du bist die Leinwand, die sich nicht verändert.
Ozeane voll Wasser können dich nicht nass machen,
Feuer wird dich nicht verbrennen, und
Liebesfilme werden dich nicht berühren.
Lass also die Projektionen des Verstandes zu,
sie sind all das, was du siehst, im Innen und im Außen.

Gleich ihr musst du DAS bleiben, was unberührt ist,
DAS, was vor Identifikationen und intellektuellem Erfassen ist.
DAS ist ewiges SEIN.

Wenn ein Gedanke dich zu einem Objekt führt, neigst du dazu, dem Gedanken zu folgen. Diese Gewohnheit hat jeder: dem Verstand zu folgen. Vermeide die Gedanken, die kommen und gehen, und vermeide denjenigen, der dem Gedanken folgt. Schau nicht nur auf den Gedanken, sondern schaue auf denjenigen, der dem Gedanken folgt, vom inneren Bewusstsein zum äußeren Objekt.

Derjenige, der dem Gedanken folgt, ist auch ein Gedanke!
Derjenige, der dem Gedanken folgt, ist in Gedanken.
Wenn du weißt, dass beides Gedanken sind, bist DU ZUHAUSE.
Dann erlaube den Gedanken aufzusteigen
und erlaube, dass ihnen gefolgt wird.
Du bleibst als das UNBEWEGTE und UNBERÜHRTE SEIN.
Dies ist das höchste Verstehen.

Nachdem die vier Wände eingerissen sind,
die vier Wände: Intellekt, Verstand, Körper, Sinne,
bleibt immer noch das alte Tor zurück,
die alte Gewohnheit des „Ich“, in Form des „Ich bin frei.“
Dieses Tor wird nicht gebraucht,
und wird verschwinden zum Zeitpunkt des Todes,
wenn nicht schon früher.
Beide sind ein und dasselbe.

Wie kann man das Denken anhalten? Durch SEIN! Wenn du denkst, bist du ein Objekt, eine Person, ein Körper oder irgendetwas anderes, aber im SEIN ist nichts! Einfach SEIN. Und dieses SEIN ist bereits HIER. Du bist immer SEIN. Um etwas zu werden, musst du meditieren und ein paar Mantras, Rituale oder Praktiken ausüben. Nur zu SEIN, ist einfach. Du kannst keine Übungen durchführen, ohne zu SEIN.

Denke also an nichts anderes. SEI einfach!
Es ist so leicht, zu SEIN.

Denken geschieht, wenn du etwas werden willst. Dann musst du denken. Aber um nichts zu werden, was gibt es da zu tun? Bleib wie du bist!

SEI wie du bist unter allen Umständen,
SEI einfach immer nur.

Das braucht keine Praxis. Was immer du durch Praxis bekommst, wirst du verlieren, doch das SEIN wird niemals verloren gehen, weil du es nicht durch irgendeine Erfahrung oder Übung bekommst. Es ist einfach nur. SEI einfach. Rühre im SEIN deinen Verstand nicht auf, denke nicht und streng dich nicht an. Ich werde dir erklären, wie man das SEIN selbst ist: Keine Anstrengung, kein Denken. Vermeide Denken und vermeide Nichtdenken. Was ist zwischen diesen beiden?

Bewege dich nicht, bewege dich nicht,
bewege deinen Verstand nicht. Das ist alles.

STILL SEIN ist das HÖCHSTE *TAPAS*, das GRÖSSTE *Yoga*
und die schönste HINGABE.
Das ist SEIN.

Es ist schwierig, dies zu verstehen, also musst du es einfach nur machen. Lass die Gedanken aufsteigen, und lass sie niedersinken wie Wellen, die sich auf der Oberfläche des Ozeans bewegen. Der OZEAN stört sich nicht am Aufsteigen, am Spiel oder am Niedersinken der Wellen. Er weiß, dass die Wellen nicht verschwinden können, weil die Wellen der OZEAN sind.

Das nennt man unermessliches Verstehen.

Hier kommt alles zu einem Ende:
Samsara ist da, also lass es da sein.
Manifestation ist die Natur des SELBST.
Das SELBST verhält sich selbst nicht still,
sondern manifestiert sich als alles.
Wie die Welle der OZEAN ist,
so ist alle Manifestation DAS.

Deshalb, akzeptiere nichts
und lehne nichts ab.
Erlaube der STILLE und
erlaube dem Verstand, sich selbst zu genießen.
Der Unterschied ist, dass du nicht der Genießende bist.

Nur durch Liebe, nur durch lieben
kannst du die Empfindung von Liebe und Frieden bewahren.
Dann werden dich Gefühle und Angst nicht beherrschen,
denn du bist in Liebe.
Wenn du in Liebe bist, wohnt nur Liebe in deinem Herzen
und Angst hat keinen Platz.

Du musst die letzte Wahrheit lieben.
Verehrung des Selbst, mit Weisheit,
wird dir das Selbst bringen.

Verehre nur dein Selbst,
bete dein Selbst an, begehre es,
für alles Übrige wird gesorgt.
Vermeide nutzlose Aktivitäten und Vergnügungen.

Sei einfach still.

Um zu verehren, musst du vor der Verehrung existieren,
damit du das Konzept von Verehrung entstehen lassen kannst.
Wisse also, dass du nur dein SELBST verehren kannst.
Du wirst zu DEM, dem du dich selbst anbietest,
biete dich also nur der LIEBE an.
Wer immer diesen NEKTAR schmeckt,
ist dieser NEKTAR.

Hingabe an den LEHRER
ist das Feuer, das alles verbrennt.
Hingabe ist, sich zu den Füßen des MEISTERS niederzuwerfen
und sie zu verehren.
Du brauchst nichts zu tun, das allein genügt!
Die Füße des SATGURUS zu verehren,
heißt, alles loszuwerden, demütig zu sein,
um FREIHEIT zu betteln und
um die Vereinigung mit dem, was du BIST.
Schau auf die Füße des LEHRERS.

FREIHEIT ist immer HIER,
es ist HEILIGKEIT, die fehlt.
Was willst du dem HÖCHSTEN geben,
wenn du dein HERZ etwas anderem verschrieben hast?
Nur eine reine Blume, deren Duft niemand kennt,
wird GOTT angeboten,
nur LIEBE zum SELBST wird gebraucht.

Sei demütig und voller Hingabe an das SELBST.

Ich glaube, dass die physische Trennung von der Geliebten etwas Einzigartiges ist und besser, als einander zu treffen. Bleibe also für dich und sehne dich immer danach, deine Geliebte zu treffen, und eines Tages wird diese Trennung dich verbrennen! Diese Trennung ist süßer als die Begegnung. Deshalb sagte Jesus: „Mein Gott, mein Gott, warum hast du mich verlassen?" Nicht, weil er den Glauben an Gott verlor, sondern weil er dabei war, jegliche Trennung von Gott zu verlieren.

Der Schmerz und die Tränen der Trennung sind gesegnet.
Dieser Schmerz, von der Geliebten getrennt zu sein,
ist besser als die Vereinigung mit der Geliebten.
Es ist schön, also löse deine Zweifel auf,
und verehre dein unvergängliches Selbst
mit Frieden, Weisheit und Selbstkontrolle.

Der Verehrer, der wahre Verehrer,
ist das Herz des Göttlichen.

Das Einzige, was EWIG ist, ist die LIEBE.

Diese Liebe *ist* die GELIEBTE *und* der LIEBENDE.
Du sollst dich in dieser Beziehung nicht anstrengen.
Wenn du deiner GELIEBTEN gegenüberstehst,
wird dich diese GELIEBTE nicht bitten, dich anzustrengen.
Diese GELIEBTE wird sich um dich kümmern,
und was immer sie tut, wirst du akzeptieren.
In diesem Augenblick wirst du dich nicht fragen, was vor sich geht,
denn in der LIEBE gibt es keinen Dialog.

In der LIEBE gibt es keinen Dialog, keine Frage, keine Antwort.
Beide sind einfach still.

Du bist still und deine GELIEBTE ist still,
und NUN geschieht etwas Großes.
Du musst warten.

Wenn du nicht trennst
zwischen der GELIEBTEN und dem LIEBENDEN,
hast du das Geheimnis gefunden:
Dass du niemals von irgendetwas getrennt warst.

Das ist alles, was du tun musst
Hast du dieses Geheimnis verstanden?

Nach den Büchern des WISSENS gibt es drei Wege, sich selbst zu erkennen. Einer ist *JNANA Yoga*, also WISSEN. Ein anderer ist *Bhakti*, Hingabe, und der dritte ist *Karma*, also Aktivität oder Handlung.

Beim *JNANA Yoga* gehen die Leute zum *Rishi* in den Wald und fragen *KO HAM*: „Wer bin ich?" Die Lehrer sagten dann nur: „*TAT VAM ASI*", „Du bist DAS." Nur auf diese Aussage hin erwiderte der Schüler: „*AHAM BRAHMASMI*", „Ich bin DAS." Das ist für jene mit einem geistigen Verständnis, die die Bedeutung des Wortes verstehen und es nicht einfach nur hören. „DAS" bedeutet „DAS". Wenn der Lehrer „DAS" sagt, schaut der Schüler auf „DAS" und stimmt zu: „Ich bin DAS." Dann sagte der Lehrer: „Viel Glück, ab mit dir!"

Das Zweite ist HINGABE an die höchste KRAFT im INNEREN. Wenn du diese KRAFT begrüßt wirst du selbst zu dieser KRAFT. Gib deinen Verstand dieser KRAFT hin und habe nicht das Ego sagen: „Ich bin ein getrenntes Wesen." Wisse: „Ich bin das HÖCHSTE." Dies musst du durch Liebe gewinnen, nicht durch den Intellekt. Es gibt keinen Unterschied, DAS im Verstehen oder in der Hingabe ZU SEIN. Das Kind geht zur Mutter, und saugt an ihrer Brust, weil es weiß, wer seine Mutter ist, und die Mutter weiß, wen sie füttern soll.

Der Dritte ist *Karma*. *Karma Yoga* bedeutet, bei allem, was man tut, nicht nach dem Ergebnis seiner Taten zu streben. Du tust es einfach und lässt das Ergebnis in den Händen des HÖCHSTEN SEINS.

In Wirklichkeit laufen diese Drei immer gleichzeitig ab: Wissen, Hingabe, *Karma*. Wenn du einem von diesen anhängst, sind auch alle anderen mit dir. Wenn du jemanden kennst, liebst du ihn. Wenn du ihn liebst, kennst du ihn. Und in beiden Fällen ist deine Handlung ein und dieselbe. Da gibt es keinen Unterschied.

Ohne LIEBE wird nichts geschehen. Wenn du dein SELBST nicht lieben kannst, kannst du auch niemand anderes lieben. Die Folge wäre Leiden. LIEBE dein SELBST, und du liebst jedes Wesen. Lerne, wie man sein SELBST liebt. LIEBE dein SELBST. Liebe dein SELBST immer, dann wird dich dieses SELBST immer mehr lieben. Mach nur einen Schritt auf das SELBST zu, und das Selbst wird zwei Schritte auf dich zu machen!

> WAHRE LIEBE ist, alles zu geben, was man hat,
> ohne einen Gedanken, irgendetwas dafür zu bekommen.

Doch jeder in der Welt braucht etwas vom „Anderen"! Selbst die Liebe zum GÖTTLICHEN ist nicht ohne Erwartung einer Gegenleistung. Die Leute bitten GOTT um einen Sohn oder um Geld oder um was auch immer. Wenn du um etwas bittest, sollte es FREIHEIT sein, die Beseitigung all deiner Zweifel, so dass du ein sehr reines, anmutiges und schönes HERZ haben kannst.

Gib dich der QUELLE hin.
Gib dich dem GEWAHRSEIN hin,
das ist der einzige geschützte Ort.
Gib dein Herz hin, und du weißt alles.
Gib dich dem BEWUSSTSEIN und der GLÜCKSELIGKEIT hin.

Hingabe bedeutet, dein Gefangensein aufzugeben
und einfach FREIHEIT ZU SEIN.
Hingabe ist das Ego, das sich vor seiner QUELLE verbeugt.
Keine Forderungen oder Befehle mehr,
sondern einfach alles in die Hände der QUELLE legen.
Hingabe ist, deine Dummheit, deine Boshaftigkeit
dem Willen der EXISTENZ zu unterwerfen,
dem BEWUSSTSEIN und der GLÜCKSELIGKEIT,
und glücklich zu sein. Das ist alles.

GIB DICH HIN.
Lass DICH von der STILLE nehmen.

Hingabe ist,
dein Konzept von Getrenntheit aufzugeben, dein Ego.
Hingabe ist, deinen Fluss der Getrenntheit zu ergießen
in den OZEAN des SEINS, deine Begrenzungen zu verlieren
und zu erlauben, dass passiert, was passiert.

Gib deine Abhängigkeit von den Sinnen auf.
Du brauchst sie nicht einzustellen,
aber du musst sie völlig unter Kontrolle haben.
Das Ego ist ein armseliger Lenker dieser fünf Pferde,
doch der *ATMAN*-Kutscher wird keinen Fehler machen.
Übergib die Herrschaft über deine Sinne dem *ATMAN*.

Wie der Fluss sich dem OZEAN hingibt,
gib dich selbst dem SELBST hin, der QUELLE.
Und wenn du merkst, dass du immer noch schwimmst
auf der Oberfläche des OZEANS, dann höre auf zu schwimmen,
und du wirst in die TIEFEN der LIEBE sinken.

LIEBE: GIB DICH HIN dem GÖTTLICHEN und SEI STILL.
WEISHEIT: Erforsche das GÖTTLICHE und SEI STILL.

Bleibe als Sein. Erlaube der Natur,
ohne deinen Verstand und deine Gedanken zu funktionieren.
Nur Aktion und Reaktion; kein Handlungsprinzip, kein Ego.
Das ist das Ende des Leidens.
„Ich handle“, „ich habe gehandelt“, „ich werde handeln“,
ist Manifestation und Leiden.
Wenn du genau hinschaust,
siehst du, dass du niemals irgendetwas getan hast.

Doch aus Nichts heraus kannst du alles tun,
ohne irgendeine Belohnung für dein Handeln.
Alle Aktivität wird keine Aktivität sein,
und du wirst keine Fußspuren hinterlassen,
die dich in den nächsten Kreislauf des Leidens führen.

Gib dich deiner Totalität hin.
Du hast keine Begrenzungen oder
Vorstellungen von Begrenzungen,
keine Absichten oder Konzepte,
nur Freiheit!

ICH BIN BEI DIR, WO IMMER DU BIST!

Es gibt kein Entkommen vor der LIEBE,
es gibt keinen Osten oder Westen für FRIEDEN und FREIHEIT.
Wohin du auch gehst, Es ist immer mit dir.
SATSANG ist die Erinnerung, dass du ZUHAUSE bist,
dass du selbst das ZUHAUSE bist,
du kannst also nicht vom SATSANG „zurückkommen",
es ist deine Natur.
Diese Erfahrung kann nicht vergessen werden.
Das, was vergessen werden kann, wird vom Verstand vergessen,
aber der Verstand hat keinen Zugang zu dieser Erfahrung.

Doch sei vorsichtig und wachsam.
Du wirst die Probleme behalten, die dir am liebsten sind,
und so kommen deine alten Freunde, deine schlechten
Gewohnheiten, deine ASURAS, zurück
und laden dich ein, wieder zu leiden.
Sie sind sehr stark, und das musst du auch sein.
Brich mit diesen alten Gewohnheiten, und du bist FREI.
Reise also nur mit denen, die im selben Boot sitzen,
geselle dich nur zu denen, die in dieselbe Richtung gehen.

Gehe zur WAHRHEIT, um jeden Preis, SEI immer STILL.

Erwartungen sind Illusionen, also laufe ihnen nicht nach und verwickle dich auch nicht in Ärger, Lust und Neid.
Verwickle dich einfach nicht darin.
STILL SEIN und zufrieden, das ist die beste Waffe.

Berühre nichts, was erscheint,
denn es wird bald verschwinden.
Schau nach INNEN, wo es keinen Namen, keine Form gibt,
und du wirst wissen, wer du bist:

FREIHEIT.

Versuche nicht, den Spiegel zu reinigen,
denn er wird immer wieder schmutzig werden.
Es gibt keinen Spiegel und keinen Staub,
der sich auf ihm niederlässt!
Befreie dich von der Arroganz, dass du nicht das SELBST bist,
und dass es das „Andere“ gibt.

Es ist besser, den Spiegel zu zerschlagen
und zu erkennen, dass ALLES das SELBST ist.
Diese ERKENNTNIS ist der DIAMANT
und ein Geschenk des GURU.

Die Welt ist Illusion.

Unter jeder Welle ist OZEAN,
unter jedem Namen ist URGRUND,
unter jeder Erscheinung bist DU.
Wenn du nicht vergisst, wer du bist,
ist diese Erscheinung der KOSMISCHE TANZ.
Das UNBENENNBARE hat dir diese Gestalt gegeben,
um zu spielen, zu LIEBEN, sein SELBST zu kennen.
Vergiss das nicht!

Lebe das Leben, wie es kommt, doch verstricke dich nicht darin.
Lass es kommen, weise es nicht zurück.
Wenn nichts kommt, sei zufrieden und sitze still.
Dies ist eine echte LEHRE.

Der Ozean kann nicht allein bleiben,
und so wurde die Idee der Welle erschaffen.
Wenn Wellen aufsteigen, verliert der Ozean nichts,
und wenn Wellen fallen, gewinnt der Ozean nichts.
Samsara, die Illusion, *Maya*, das Spiel,
ist die Welle auf dem Ozean des *Nirvana*.

Wellen sind nicht getrennt vom Ozean,
Strahlen sind nicht getrennt von der Sonne,
Du bist nicht getrennt von
Existenz-Bewusstsein-Glückseligkeit.
Dies ist eine Reflexion des Das.

Der OZEAN vergisst nicht, dass er eine Welle ist,
aber die Welle vergisst, dass sie ein OZEAN ist.
Das ist der Grund, „warum“ es Manifestation gibt;
diesem Spiel zuliebe entsteht Vergessenheit.
Die Welt ist nur zum Feiern da.
Manifestation ist nur ein KOSMISCHES THEATER zum Genießen.
Es gibt nur Spiel, und doch existiert es nicht
und dauert nur an, weil es zu dem wird, was immer du denkst.
Diese Manifestation wurde von dir erschaffen,
und sie wird von dir zerstört werden.

Der erste Gedanke ist „Ich“.
Dann entsteht „Mein“, und das ist Ego,
und dann kommt die ganze Manifestation.
Zeit, Verstand, Manifestation werden aus dem „Ich“ projiziert,
das selbst projiziert wird, um das Spiel zu manifestieren.
Leg diese Dinge ab
und finde heraus, wo heraus das „Ich“ entsteht.

Du bist SHIVA, wenn du nicht das „Ich“ projizierst,
und deine SHAKTI ist die Projektion, durch die gespielt wird.
BEWUSSTSEIN ist die Quelle dieses Spiels,
des Verstandes, und DAS ist alles.

Es ist ein dunkler Pfad in der Dämmerung,
und du siehst eine tödliche Schlange vor dir liegen.
Plötzlich kommen dir Leute entgegen,
und als sie an der Schlange vorbeigehen,
fragen sie dich, wovor du dich fürchtest.
Du erzählst ihnen alles über die giftige Schlange,
über die sie gerade hinweggegangen sind.

Dann sagen sie dir, und zeigen dir,
dass es nur ein Seil ist.

Die Schlange existiert nicht, und dennoch gelingt es ihr,
durch die Macht der Illusion und der Überlagerung,
die Wirklichkeit, das Seil, zu verbergen.

Wie die Vorstellung von einer Schlange das Seil verbirgt,
so verbirgt *Maya*, Illusion, das *ATMAN*.
ATMAN ist ALLES: REINES BEWUSSTSEIN,
EWIG FREI und GLÜCKSELIG.
Doch Einbildung verbirgt dies
mit nicht existenten Namen und Formen,
mit darübergelegtem Subjekt und Objekt.

Der Wachzustand ist ein Film mit dem Ego in der Hauptrolle,
die Regie führt das *Karma*, und *Maya* ist der Produzent.
Sogar der Wachzustand liegt im Traumzustand.
WIRKLICHKEIT ist immer wirklich,
und Nicht-Wirklichkeit ist niemals wirklich.
Du träumst diese Illusion nur, wenn du schläfst,
also wach auf: Die Schlange ist immer nicht-existent.

FREIHEIT ist, wenn das Illusionäre der Illusion beseitigt ist.
Zweifel ist die illusionäre Wand zwischen dir und der FREIHEIT.
Höre auf, die Realität der Illusion zu bestärken,
indem du ihr hinterherrennst. Erwartung ist das Rennen.
Maya ist die Einbildung, die niemals endet und niemals existiert.
Ihr projiziertes Spiel kommt von innen,
und um ihres Spieles willen ist das
WISSEN von REALITÄT eine Illusion.

LIEBE ist keine Illusion.
In der LIEBE ist jede Illusion verloren.
Wenn es keine Illusion gibt,
zeigt sich LIEBE.

Nichts gehört dir! Es ist alles wie der Wind.
Lass deinen Geist so frei wie der Wind,
indem du dich an nichts klammerst.

Das ist das Geheimnis des Glücks:
Genieße den Garten,
doch klammere dich an nichts!

Du trägst deinen Verstand, wie du dein Kleid trägst.
Verstand ist das, was Begierde ist, Vergangenheit ist, Friedhof ist,
Name und Form ist, Vergänglichkeit ist, das Beschreibbare ist.
„Ich" ist eine Welle, ist Verstand, ist *Samsara*, ist Begierde,
ist Arroganz, ist Schlechtigkeit, ist Verwirrung,
ist Schlange und nicht Seil, und ist alle Manifestation.
Identifizierst du dich mit dem „Ich",
so identifizierst du dich mit Vergangenheit und Zukunft.
Klammere dich daran, und du wirst leiden und darin festsitzen.
Verlasse es: BEFREIUNG!

Die Erschaffung der Hölle ist der nach außen gewandte Verstand,
der sagt: „Ich bin der Körper."
Die Erschaffung des Himmels
ist der nach innen gewandte Verstand,
der weiß: „Das Königreich des Himmels ist INNEN."

Der nach innen gewandte Verstand
wird seine QUELLE sehen und niemals zurückkehren,
denn du bleibst bei dem, was du am meisten liebst.

„Der Handelnde muss für seine Taten bezahlen.“ Das ist *Karma*. Kein Handelnder, das ist: kein *Karma*. Und das ist FREIHEIT.

Erinnerung ist der Speicher dieses *Karmas*.
Jeder Eindruck in deinem Geist ist eine Inkarnation.
Millionen von Gedanken sind dasselbe wie das eine „Ich“.

Reinkarnation, vom *Karma* bestimmt, geschieht dir,
wenn du nicht weißt, dass du BEWUSSTSEIN bist,
denn alles andere ist Imagination,
und diese Imagination hat keinen Anfang und kein Ende.
Reinkarnation spielt sich nur im Geist ab.

Wie kann DAS, was niemals geboren wurde,
wiedergeboren werden?

Bevor die Welle aufsteigt, ist sie der Ozean,
bevor der Wunsch sich regt, ist er Leere.
Das gesamte Universum ist dein eigenes Verlangen, also genieße es.
Doch lass dich nicht von ihm zerstören,
denn du bist der Sklave von allem, was du begehrst.

Der Dieb des Friedens ist das Verlangen nach dem Vergänglichen,
strebe also nur nach dem Beständigen.
Hier, in diesem ewigen Augenblick, gibt es keine Wünsche.
Sei einfach still und sieh, was du wirklich brauchst.

Ohne ein Objekt gibt es keinen Wunsch,
ohne Verlangen gibt es keinen Verstand,
ohne Verstand gibt es nur das selbst.
Begehren ist der Schleier vor dem Gesicht der Wahrheit.
Entferne ihn, indem du die Quelle des „Ich" findest.

Erinnere dich immer daran:
Die Diebe des FRIEDENS
sind Diebe in einem leeren Haus,
denn Leiden findet nur in der Vorstellung statt.

Du bist FRIEDEN,
DAS, was UNBERÜHRT bleibt.

Du bist die Totalität des SEINS,
durch Wünsche kommst du nicht zu dir selbst.
Jeder Wunsch macht den HERRSCHER zu einem Bettler,
denn Begehren ist nur Betteln.
„Ich bin nicht das SELBST", das ist der Bettler.
Du verfehlst dein KÖNIGREICH wegen
deiner belanglosen Wünsche, die dich zerstören.
Erforsche einfach: Wem erscheinen die Wünsche?
Dann fließe in die LEERE,
die keine Grenzen hat.

Kein Objekt der Begierde ist real,
kein Objekt des Verlangens ist deinen FRIEDEN wert.
Wenn dein Haus aus Wünschen besteht, brenn es nieder.
Nur die Abwesenheit von Wünschen macht dich glücklich,
erlaube also keinem Wunsch, zu erscheinen.
Lass dich einfach von LIEBE auflösen.
Wenn kein Wunsch da ist, ist LIEBE und SCHÖNHEIT da.

Wenn du etwas begehrst, dann begehre nur den FRIEDEN,
denn du wirst zu dem, was du denkst:
Wasser, das sich in den OZEAN ergießt, wird zum OZEAN.

Verstand ist deine Begierde!
Es ist nicht der Fehler des Verstandes,
denn du bist es, der den Verstand in Schwierigkeiten bringt.
Deine alten, schlechten Gewohnheiten, deine eigene SCHÖNHEIT zu stören,
mit deinen Gedanken und deinem Gepäck, sie sterben langsam.

Du wirst von deinen eigenen Vorstellungen beunruhigt,
doch wisse, sie sind leer, sie existieren nicht.
Das Wichtigste ist also zu wissen,
dass der Verstand nur Gedanke ist,
und dass er alles erschaffen kann, was du willst.

Die Beschäftigungen des Verstandes verdecken das SELBST.
„Ich will dies und das", verdeckt das SELBST
und *ist* auch nur andere Beschäftigungen!
Wie ein Honigtopf mit einem einzigen Tropfen Gift kein Honig ist,
so ist GEWAHRSEIN mit einem einzigen Wunsch nicht GEWAHRSEIN.

ॐ

Verstand ist Bewegung und erschafft Wünsche,
damit er etwas hat, worauf er sich zubewegen kann.
Wenn es eine Beziehung zu Vergangenheit oder Zukunft gibt,
beginnt das Spiel des Verstandes.
Lass den Verstand spielen, er ist Wasser,
er ist die Welle, die nicht verschieden ist vom Ozean,
der Ozean ist Vollkommenheit.

Doch unbeschreibliches Elend und Leiden kommen auf
durch den Dämon Verstand-Ego, wenn dieser sich identifiziert.
Spiele als Ozean und gib den Hochmut auf,
zu denken, dass du eine eigenständige Welle bist.
Bleibe wachsam gegenüber dem Ozean, dem Selbst,
und der Dieb Ego wird das Haus deines Verstandes nicht betreten.

Der Verstand ist ein verspielter Freund,
wenn du ihm gute Arbeit gibst,
und ein grausamer Feind, wenn du ihn
auf Sinnesobjekte und Vergnügungen ausrichtest.

Den Verstand auf das Selbst zu richten, ist gute Arbeit.

Lass den Verstand nicht in die Vergangenheit zurückgehen. DAS ist alles.
Unterdrücke die Gedanken nicht, stelle dich ihnen, was immer sie sind.
Wenn du davonläufst, zeigst du deine Feigheit und Schwäche,
und die Gedanken werden dir einfach folgen und stärker werden.

Bleib stehen und sieh dir die Gedanken an, und sie werden verschwinden.
Du brauchst nicht mehr davonzulaufen.

Du musst dich nicht anstrengen und du musst nicht verstehen.
Was auch immer du verstehst, ist nur ein Konzept.
Was immer du verstehen wirst oder verstanden hast, ist nur ein Konzept.
Was immer du um dich herum siehst, ist nur dein Konzept.

Die Konzepte deines Verstandes können so stark werden,
dass sie real erscheinen.

Du musst erforschen: „Woher kommen die Gedanken?“ Ich werde dir erklären, wie die Gedanken aufhören: Wenn ein Gedanke erscheint, muss er von irgendwo herkommen, nicht wahr? Geh also zur Wurzel des Gedankens, von wo er aufsteigt. Wenn du das tust, dann sage mir, ob der Gedanke immer noch da ist. Finde die Quelle des gegenwärtigen Gedankens, der in diesem Augenblick aufkommt. Wie die Welle sich aus dem Ozean erhebt, so finde heraus, woher alles, was in deinem Verstand ist, aufsteigt. Du musst es mir sagen.

> Wenn du den Gedanken nicht aufhalten kannst,
> dann lass ihn kommen.
> Wenn er kommt, dann laufe ihm nicht nach.
> Er wird kommen und er wird verweilen und er wird gehen.
> Einfach nur beobachten mag einfacher sein, als ihn aufzuhalten.

Wenn ein Gedanke kommt, behandle ihn wie ein Auto, das auf der Straße auf dich zukommt. Läufst du dem Auto hinterher? Nein! Genauso lass also den Gedanken kommen, lass den Gedanken da sein und lass ihn gehen. Er kann nicht für mehr als einen Moment bleiben, denn ein anderer wartet schon hinter ihm. In diesem Moment gibt es keinen Gedanken. Nur im vorigen Augenblick ist ein Gedanke da. Was denkst du in diesem Moment?

In diesem Augenblick kann niemand denken. Jeder denkt in den Gräbern der Friedhöfe. Dieser Augenblick ist der Augenblick der Liebe und des Friedens, doch jeder verpasst ihn.

> Gedanke ist der vorige Augenblick,
> nicht dieser Augenblick.

Manchmal, wenn ich Leute sehe,
die irgendetwas Dummes zu ernst nehmen,
denke ich an etwas, was Maharishi immer sagte:

> „Wenn du mit dem Zug reist,
> hast du dein Gepäck dann auf dem Kopf
> oder unter deinen Füßen?“

Dies ist der Unterschied zwischen den Weisen
und dem Rest des Universums.
Die Weisen tragen ihr Gepäck nicht,
doch fast jeder tut es.

Der einzige Weg, nicht in FRIEDEN zu sein,
ist, sich mich etwas Anderem zu beschäftigen,
an etwas Anderem anzuhaften als an deinem SELBST.

Jede Schönheit außer dem SELBST
ist ein Leichnam in einem schönen Kleid,
und die Anhaftung an diese Dinge
ist ein Leben in einem Grab mit Leichen.
Wenn du in Gemeinschaft mit dem Verstand lebst,
bist du auf dem Friedhof,
doch wenn du erforschst, bist du FREI.
Diese FREIHEIT anzuzweifeln heißt, an der Gefangenschaft festzuhalten.

Wir klammern uns an unsere eigenen Anhaftungen,
doch wir können fortfliegen, und SATSANG ist diese offene Tür.
Du hast die Wahl: Alte Muster sind dein eigener Käfig.
Freunde dich mit etwas DAUERHAFTEM und UNVERÄNDERLICHEM an,
und du wirst glücklich sein; das ist WEISHEIT, der GURU.

Gib deine alten Lebensmuster auf,
die *KUSANGA* sind, schlechte Gesellschaft.

Du brauchst die Vergangenheit und Gedanken, um zu leiden,
du brauchst nichts, um FREI zu sein.
Die Felsbrocken der Vergangenheit liegen dir auf der Brust,
und zerstören dein Leben und die Freiheit.
Beseitige sie, indem du den Ursprung des „Ich"-Gedankens findest.
Die Freiheit wartet, doch die meisten sind mit etwas anderem beschäftigt.
Binde dich nicht an irgendetwas in der Vergangenheit oder Zukunft,
denn es wird nicht funktionieren!
Verbinde dich nur mit diesem AUGENBLICK.

Wenn du an etwas anderem festhältst
als an deiner wahren Natur,
wirst du dich verwirrt fühlen.
Wenn du an Vergänglichem hängst,
erklärst du dir selbst,
dass du nicht die FÜLLE bist, in der alles ist.

Besitzen ist ein Schleier, eine Lüge!
Das SELBST ist TOTALITÄT und kann deshalb nichts besitzen oder begehren.

Jeder ist ein BUDDHA, du musst die Anhaftungen zerschlagen!
Du musst entsagen, denn sonst verfängst du dich
mit deinen eigenen Anhaftungen in *Samsara* und Tod.
Anhaftung ist ein Dämon, Anhaftung ist eine Plage,
denn unsere Anhaftungen werden unsere Realität.
Nur im *SATSANG* wird dies beseitigt.

Lass deinen Verstand nicht
aus deinem HERZEN hinaus gehen!

Die ganze Welt hat sich in diesen äußeren Anhaftungen verloren, nicht nur du. Wenn irgendeine dieser Anhaftungen dir Glück und Seelenfrieden gibt, dann bleibe dabei, denn die Zeit ist noch nicht gekommen, sie loszulassen. Doch wenn du die Schlangen in deinen Ärmeln siehst, wie sie dich beißen, ist es Zeit, sie zu verstoßen. Es bringt nichts, Erfahrungen zu machen, die man schon gemacht hat. Wenn du weißt, dass Feuer verbrennt, brauchst du dich nicht noch einmal zu verbrennen. Vermeide Anhaftungen ebenso wie das Feuer, denn sie werden dich verbrennen.

Wenn deine Trunkenheit von jemand anderem abhängt, täuscht du dich selbst, betrügst du dich selbst. Keine gute Trunkenheit kommt von einer anderen Quelle als deinem SELBST. Niemand wird dir GLÜCK geben, niemand wird dir FRIEDEN geben. Finde es selbst heraus. Nur ein verwirrter Verstand denkt, dass es woanders Glück gibt. Diese LIEBE und SCHÖNHEIT wird sich zeigen, wenn du für diesen einzigen Moment STILL bist. Dann wirst du ALLES bekommen.

Sei fest entschlossen, dass du nicht leiden willst und dass du hier bist, um in dieser Inkarnation Glück zu erlangen. Das ist die wichtigste Entscheidung. Wenn du diesen Entschluss triffst, wird dir GNADE zuteil. Höre auf, jegliche Objekte zu genießen. Höre damit auf, sei STILL. Übe diese Praxis HIER, und du wirst Erfolg haben.

Angst manifestiert sich als Tod!
„Ich bin der Körper“ ist die Grundangst.
Meditiere jeden Tag, um diese Angst zu überwinden.
Wenn Angst kommt, LIEBE sie,
und wenn sie geht, klammere dich nicht an sie.

Betrachte die Angst, die Arroganz und den Stolz,
wenn du sie beseitigen willst, SCHAUE sie an!
Stolz und Hochmut ist Handlung, und dies führt zu Schwierigkeiten.
Sie haben dir nie etwas gebracht, also sei demütig.

Alles, was du „tust“, verdeckt das SELBST
mit Überheblichkeit von Handlung.
Hochmut ist, diesen zeitlosen Moment nicht wahrzunehmen,
Hochmut ist: „Ich bin der Körper.“

Beseitige diesen Hochmut, und ERLEUCHTUNG geschieht augenblicklich.
Ich bin „der“ und „der“ ist die erste Überheblichkeit,
und: „Das ist meins”, ist die zweite. Schau hin!

Ärger, Gier, Anhaftung und Abneigung
sind die Krankheiten des Verstandes,
die es unmöglich machen, zu meditieren, zu wissen, wer du bist.
Ärger entsteht nur, wenn es Zwei gibt,
und diese Zweiheit ist das Ego.
Ärger, Gier, Überheblichkeit, Lust und Eifersucht,
all das sind mächtige Feinde auf dem Schlachtfeld,
doch bekämpfe das Ego, und du bekämpfst sie alle.

Lass dich nicht in Ärger, Gier oder Lust verwickeln,
denn sie sind das Ego, lass dich nicht darin verwickeln.
Wenn dich Gier interessiert, sei gierig nach FREIHEIT!
Wenn du wütend bist, dann sei wütend auf GOTT,
und wenn du etwas begehren musst, dann begehre die
VEREINIGUNG mit deinem HERZEN.

Halte den strömenden Fluss des Verstandes auf,
indem du ihn eindämmst
und ihn dann kanalisierst, sonst wird der Damm brechen,
durch die Fluten von Ärger und Gier.
Diese Kanäle müssen in die richtige Richtung führen.
Dann werden Ärger, Gier und Kummer unschädlich verlaufen.
Lass sie also aufsteigen, und wenn sie kommen,
wisse, dass du die QUELLE bist, und vergiss sie alle.

Erinnere dich nur an dein WAHRES SELBST,
so kannst du allen Situationen entgegentreten.

Vorderseite
Oben: Hochzeit
Unten: Interview mit David Godman

Innenseite
Links: in seinem Haus in Lucknow, um 1995
Rechts: mit Schülern in Rishikesh um 1994

Rückseite
Lucknow Portrait 1995

Es gibt kein: das SEIN werden.
Es ist nur ein Trick des Verstandes, zu denken,
dass du im SELBST gegründet sein musst.

DU BIST DAS!
Sei einfach, wie du bist, wo du auch bist.
Sei dort, und du musst denken.
Sei HIER, und du brauchst nicht zu denken
oder deinen Verstand zu gebrauchen.
Das ist FRIEDEN, das ist SCHÖNHEIT.

Es ist ein Witz, nach FRIEDEN Ausschau zu halten,
wo man ihm doch tatsächlich nicht entkommen kann.
Suche und Übungen sind pure Unwissenheit,
denn nur Dummheit braucht Übungen.
Der Fluss strengt sich nicht an und übt nicht,
um zum OZEAN zu gelangen.

Lass los, die Anhaftung an das Denken
und an das Bemühen, und du wirst es bekommen.
Mach es dir nicht schwer durch Gedanken und Übungen,
übe nicht einmal das Nicht-Üben, SEI einfach STILL.

Alles, was du tust, dient der Stille des Verstandes, dem GLÜCK,
und doch stört alles, was du tust, deinen Geist,
denn „Tun" *ist* Verstand es ist eine Falle,
ob es nun ein *Samadhi* ist oder GLÜCKSELIGKEIT
oder was auch immer.
Alles, was du zu tun versuchst, verdeckt den DIAMANTEN
mit dem Hochmut des Tuns.

35 Millionen Jahre lang hast du „gehandelt",
sei also JETZT einfach STILL.
Weder wird das SELBST gesehen, wenn man sich bemüht,
noch ist FREIHEIT das Ergebnis von Anstrengung.
Sie ist bereits HIER JETZT.

Du versäumst die GLÜCKSELIGKEIT,
weil du das Vergängliche suchst,
aber WAHRHEIT kann nicht gesehen werden, SIE ist der Sehende!
Finde DAS, womit du suchen würdest,
und du erkennst, SEIN *ist* GLÜCKSELIGKEIT.

Bleib, wie du bist, wo immer du bist.

Wenn du das tust, wirst du sogleich wissen,
dass du das bist, wonach du gesucht hast,
seit Millionen von Jahren.

Es gibt keine Suche,
denn man sucht nur nach etwas Verlorenem.
Wenn aber nichts verloren ist,
macht es keinen Sinn,
nach einem Objekt zu suchen.

SEI einfach STILL HIER.
Errege keinen Gedanken im Verstand.
Dann wirst du wissen,
WER du wirklich BIST.

ॐ

Aus drei Gründen sind Suchen und Praktizieren
Dummheit und führen in die Irre
und sind nur der schlaue Verstand, der die FREIHEIT aufschiebt.

Der erste ist, dass er einen Suchenden erzeugen.
Das verstärkt die Vorstellung von einem individuellen Leidenden,
der von der FREIHEIT getrennt ist, und
dass das SELBST etwas „Anderes" ist als DAS, was HIER und JETZT ist.

Der zweite ist die Suche.
Suchen ist eine Ablenkung, die Aufschub erzeugt
und endloses, unnötiges Leiden.
Suchen begünstigt Religionen, Traditionen
und Wege, an die man sich halten soll,
die nur dazu führen, dich tiefer in Illusionen zu verfangen.
Die WAHRHEIT ist nur HIER und JETZT,
aber die Suche sagt, sie ist morgen.

Der dritte Grund ist,
dass die Suche ein Objekt erschafft, das gefunden werden soll,
und dies kann die subtilste und raffinierteste Falle sein.

Wenn du eine Suche beginnst, entwickelst du eine Vorstellung
von dem, wonach du suchst.
Da es die Natur von *Maya*, von Illusion, ist,
dass alles so wird, wie du denkst,
wirst du auch alles erreichen, was du für das Ziel hältst.
Kein Zweifel: Wie du es denkst, so kommt es.

Durch deine Suche wirst du also das erschaffen und erreichen,
was du dir vorstellst zu suchen.
Jeden Himmel oder hohen spirituellen Zustand,
den du erreichen möchtest,
wirst du erreichen, nachdem du ihn dir vorgestellt
und erschaffen hast.
Dann wirst du zufrieden in dieser Falle bleiben
und denken, dass du deinen „Himmel" erlangt hast.

Das ist Luftschloss-Freiheit, maßgeschneidert für dich
aus deinen eigenen Gedanken und Konditionierungen
darüber, was das HÖCHSTE ist.

Die WAHRHEIT ist jenseits von Gedanken,
Konzepten und Konditionierung,
und diese WAHRHEIT ist, was du bist, und nur die WAHRHEIT IST.
Beende also deine Suche, sei einfach STILL,
definitiv, erwecke keinen Gedanken oder strenge dich nicht an,
und die WAHRHEIT wird sich SELBST vor sich SELBST OFFENBAREN.

Praxis braucht ein Ego,
das die Subjekt-Objekt-Beziehungen verstärkt,
und alle Übungen geschehen durch den Körper-Verstand und die Sinne,
und das verstärkt die Identifikation mit dem Körper-Verstand.
Jede Identifikation ist eine Fehlidentifikation.

Was auch immer du denkst, das wirst du,
also ist das Denken von Namen und Formen
Denken von Ego-Verstand-Welt-Sinne-Illusion.

Wenn du denken musst,
dann denke an EXISTENZ, BEWUSSTSEIN und GLÜCKSELIGKEIT.
Das Beste ist, einfach zu wissen: „Ich bin DAS BRAHMAN."

Direkte Übung ist JETZT selbst, einfach SEIN selbst,
nicht auf den nächsten Augenblick
oder auf den nächsten Gedanken zu warten
oder auf das nächste Leben, um etwas zu erreichen.
Direkte Praxis ist die GLÜCKSELIGKEIT, dein Gesicht
deinem SELBST zuzuwenden,
direkte Praxis ist, dein eigenes SELBST zu ehren,
direkte Praxis ist EXISTENZ.

Das ist das *Kali Yuga*,
sogar *Rakshashas* werden sich als Lehrer inkarnieren,
um dich in die Irre zu leiten.
Diejenigen, denen es bestimmt ist, durch diese Dämonen zerstört zu werden, werden es auch.

Du musst deinen Guru auf die Probe stellen!
Schau dir ihren Frieden an, ihre Linie und ihre Lehre.
Ohne Erforschung gibt es keine Lehre.

Direkt dein eigenes Gesicht anzuschauen, ist die einzige Lehre.
Prediger reden nur von Dunkelheit,
dem Verstehen der Dunkelheit und ihrer Beseitigung.
Doch es gibt keine Dunkelheit und kein Verstehen,
es gibt nur Licht!

Wenn der Guru sagt: „Ich bin erleuchtet",
heißt das, dass das Ego erleuchtet ist, also halte dich fern.
Lehrer, die dies behaupten, sind Prediger
und schreiben Bücher nur, um noch mehr Müll
auf die Suchenden zu laden
und mehr Geld in ihre eigenen Taschen.
Sie werden viele Schüler anziehen,
doch im *Kali Yuga* ist es die Falschheit, die Massen anzieht.
Die Wahrheit und die wahren Gurus werden nicht beachtet.

Jene, die nicht mit einem vollkommenen Heiligen gelebt haben, werden sich nicht Verwirklichen. Sie werden in einem Spiel der Unvollkommenheiten leben, weil sie von einigen Gurus in die Irre geleitet wurden, und sie werden diese Irreführung ihr Leben lang fortsetzen.

Der Weinstock, der saure Früchte trägt, breitet sich schnell aus,
aber der, der süße Früchte trägt, hat ein kurzes Leben.
Obwohl die Wahrheit mit den Ehrlichen ist,
folgen alle nur den Unehrlichen.

Diese irreführenden Lehrer sind wie der Verstand.
Bleib einfach als Gewahrsein jenseits des Verstandes,
weit jenseits davon.
Der Verstand gibt dir Zweifel, Ängste und Sorgen
und hält dich in Unwissenheit von Dem,
was jenseits des Verstandes ist.
Die Rolle des Verstandes in diesem Spiel
ist es, den Menschen in der Dunkelheit zu halten, in der
Vergangenheit.

Ohne Anhaftung an den Verstand
gibt es keine Zeit und keine Vergangenheit.

Dies ist die höchste Wahrheit.

Religionen, Traditionen und Ashrams
beginnen oft gut, doch enden schlecht,
wenn sie in die Hände jener fallen,
die nach Gewinn und Ruhm streben.

Erleuchtung ist nicht das Produkt dieser Religionen.
Wie man im Laufe der Geschichte sieht,
ist die Arbeit der Religionen Angst und Tod:
Angst vor der Hölle und Tod den Ungläubigen!
Entferne die Hölle aus der Religion,
und es ist keine Religion!

Religion ist Angst und Täuschung.
Angst ist die Grundlage der Religion.
Religion ist ein Hindernis für die FREIHEIT
und hat sogar das: „Ich bin FREI!" verbannt.
Verlasse sie also, denn du BIST Es!

Du bist HIER und JETZT vollständig!
Du brauchst die Herde der Schafe nicht,
du brauchst überhaupt keine Religion,
du bist immer FREI.

Es gibt keine bessere *Sadhana*, als einfach als FRIEDEN zu bleiben.
Wenn du eine Praxis ausüben musst, dann mache *VICHAR*.
Freude ist auch eine gute *Sadhana*,
weil sie den Verstand zerstört, sei also immer glücklich.
Denke immer an DAS und sei glücklich:
Verbringe den Rest deines Lebens in dem Wissen,
dass du EXISTENZ-BEWUSSTSEIN-GLÜCKSELIGKEIT bist.

Ein bisschen zu praktizieren, ist besser,
als sich in *Samsara* zu verlieren,
und es ist gut, weil es manchmal den Verstand ermüdet,
doch typische *Sadhana* ist meist nur für das Ego wichtig.

Jede *Sadhana* wird vom Ego projiziert,
sie steht also auf einem Fundament aus Sand.
Diese Egoprojektion ist *Samsara*,
suche also nur nach dem Suchenden.
„Ich“ ist Ego, wenn dieses also meditiert,
führt das nicht zu guten Ergebnissen.

Die Wahl der Methode hängt von der Wahl der Ergebnisse ab.
Brahman hat keine Eigenschaften und ist jenseits des Verstandes,
also wird dich keine Übung dorthin bringen:
Es offenbart sich SELBST.

Ramana sagte: „Sei einfach still, denn es ist hier und jetzt.“
Das ist die naheliegendste Praxis,
denn *Brahman* ist ganz genau deine Natur.

Manche haben *Om* als Praxis gesungen. Singst du *Om* oder willst du es nur tun? Du musst es wirklich tun. Singe immer *Om*, das genügt. Dann wirst du glücklich sein und auch in Frieden. Versuche nicht, zu verstehen, sing einfach Tag und Nacht weiter, vom Aufwachen bis zum Schlafengehen. *Om* sollte immer in deinem Geist und auf deinen Lippen sein. Du wirst nichts verlieren. Selbst, wenn du dies nur einen einzigen Tag machst, wirst du wissen, was es ist. Es ist, das Selbst zu treffen, denn dieses Wort ist das Selbst selbst. Wenn du es nicht tust, ist es nicht von Bedeutung, ob du es tun willst.

Om muss innen und außen sein, denn dieses Symbol *Om* schafft eine Form in die Leere des Raumes, wenn du es wiederholst. Es ist gar kein Wort. Wenn du ausatmest, höre zu, was es sagt. Es sagt *Om*. Das erste Wort eines Babys, wenn es geboren wird, ist *Om*.

Om ist alles. Es ist kein Wort und auch kein Nicht-Wort. So wurde die Schöpfung erschaffen. Mit dem Wort *Om* war die Schöpfung da. *Om* ist ein tonloser Ton. Es hat alles erschaffen, und nach der Auflösung von allem wird es da sein. Es ist ewiger Ton, und es hat keine Form.

Die Essenz der KUNSTFERTIGKEIT ist diese:

Was immer kommt, lass es kommen,
was bleibt, lass es bleiben,
was geht, lass es gehen,
SEI immer STILL und verehre immer das SELBST.
Das ist die Essenz eines kunstfertigen Lebens
in der Welt der Erscheinungen.

Bei allen Aktivitäten des Lebens
wisse immer, dass du das SELBST bist.
Der Weg, ein glückliches, schönes Leben zu führen,
ist anzunehmen, was immer kommt,
und sich nicht um das zu kümmern, was nicht kommt.

Kunstfertig leben:
Wenn du es JETZT weißt, dann spiele im *Lila*.
Im Inneren wohne allein, und spiele doch im Außen im *Lila*.

Manifestation ist ein Spiel.
Vergiss nie, das „Ich“ ist ein vergänglicher Schauspieler,
dessen Freunde Körper-Verstand-Elemente sind.

Identifiziere dich als DAS, bleibe bewusst
und spiele das Spiel im *Lila*, wie du willst,
doch verlasse die QUELLE nicht.

Bleibe glücklich in FRIEDEN,
LICHT, WEISHEIT, BEWUSSTHEIT.
Dies ist deine Verantwortung.
Sei glücklich und habe Mitgefühl,
und lebe Hand in Hand mit der Natur.
Dies macht Geburt lohnenswert.
Beginne vom HERZEN aus und sieh,
dass alles vom HERZEN aus aufsteigt.
Tue immer dies, SEI immer DIES.

Wie der Lotus das Wasser nicht berührt,
so lass die Welt nicht hinein in dein Herz.
Geschäftig zu sein in der Welt ist keine Schwierigkeit,
es sei denn, geschäftig sein ist schwierig für dich.
Dann ist die Schwierigkeit die einzige Schwierigkeit.

Laufe nicht den Projektionen auf der Leinwand hinterher,
sei sehr weise.
Verliere deinen Frieden um keinen Preis.
Dinge *werden* aufsteigen und wieder versinken,
so lass dich davon nicht einfangen!
Frieden ist am wichtigsten, du musst glücklich sein im *Lila*,
Ohne-Verstand-Grenzenloses-Glücklichsein
mit FRIEDEN in deinem Geist,
nicht mit Problemen.

Entferne jegliches Werden, du bist SEIN.
Werden ist Anstrengung, SEIN ist mühelos.

Du bist immer DAS, sei also wie der Wind,
der nicht hängen bleibt, worüber er hinwegweht,
weder am Unrat noch am Garten.

Diese Welt ist ein Garten, ein Spiel,
spiele dieses göttliche Spiel gut.
Sieh die Dinge nur so, wie sie sind,
doch besitze sie nicht,
sonst bist du in Schwierigkeiten,
denn sogar dein Körper ist vergänglich.
Der nächste Atemzug ist nicht garantiert,
tue also, was du tun musst, JETZT:
Spiele gut, spiele weise
und finde als erstes heraus, wer du bist.

Die Welt ist wie ein Hundeschwanz,
der sich von Natur aus kringelt.
Das Beste, was du tun kannst, ist STILL zu bleiben
und dich von nichts stören zu lassen.
Besucher werden kommen und gehen,
greife nicht in diese Wellen ein.
Sei immer LEER, und lass die Wünsche tanzen.
Im Wachzustand zu schlafen, heißt,
zu schlafen gegenüber Wünschen und Abneigungen.

Sich an nicht-ewige Dinge zu klammern, ist Hochmut,
sich nicht anzuklammern, ist, alles zu LIEBEN,
also klammere dich nicht an und klammere dich nicht nicht an,
denn beides verdeckt die WAHRHEIT.

Behandle das Ego und den Verstand wie Schuhe:
Trage sie, wenn du ausgehen musst,
und zieh sie an der Tür aus, wenn du zuhause bist.
Sonst ist der Sitz schon besetzt, auf dem das Wissen sitzen würde.

Der Gedanke: „Ich bin der Körper"
genügt, um den Thron zu besetzen,
so halte den Verstand und das Ego mit den Schuhen draußen,
bis es kein Innen und kein Außen mehr gibt
und auch niemanden mehr, sie zu tragen.

Wenn du schon denken musst, denke: „Ich bin reines Bewusstsein."
Wenn du schon reden musst, dann sprich über das SELBST.
Wenn du schon lesen musst, dann lies, was die ERLEUCHTETEN
geschrieben haben.

Tanze mit den Gegebenheiten,
doch sei dir der Tänzer bewusst
und des Zwecks, dem der Tanz dient.
Deine Beziehungen haben eine große Wirkung auf dich:
Du wirst zu dem, womit du dich verbindest.
Bleibe also nur in HEILIGER Gesellschaft,
reise nur mit Leuten, die im selben Boot sitzen.
Nichts ist besser als *Satsang*, habe deine Freunde also HIER.
Hab Umgang nur mit jenen, die in dieselbe Richtung gehen,
und gehe um jeden Preis auf die WAHRHEIT zu.

Ein Freund ist jemand, der deinen Geist nicht stört.
Hege keine Freundschaften, die deinen Geist stören,
gleich, wie vertraut sie dir sein mögen,
sei es eine Person, ein Ort oder eine Idee.
Nimm keine Einladungen von törichten Leuten an,
denn wenn du in ihrer Gesellschaft lebst,
wird dich die WAHRHEIT nicht küssen.

Verstehe, dass du nicht einen Körper liebst.
Ein Körper, sei es ein Mann oder eine Frau, ist eine Leiche.
Wisse, dass das, was als LIEBE zum „Anderen“ erscheint,
in Wirklichkeit Liebe zum SELBST ist,
denn „Andere“ existieren nicht.
Diese innigste Liebe kann also keinem „Anderen“ gegeben werden.
Liebe von Freunden ist um des SELBST willen,
nicht für Körper zu Körper.

Wahre LIEBE hat keinen Liebenden oder Geliebten,
denn jede LIEBE ist LIEBE des SELBST.

Wenn du wirklich LIEBEN willst,
Liebe das HÖCHSTE SELBST genau jetzt,
Liebe die HÖCHSTE WAHRHEIT.
Dieses LIEBE ist FREIHEIT.

Wo immer Zwei ist, ist Angst vor Trennung,
und diese Trennung muss schließlich kommen,
denn die Begegnung Körper zu Körper ist vergänglich.

Nur die Ehe mit der FREIHEIT wird bleiben.
Jede Freundschaft mit etwas anderem
wird nicht halten und wird dich am Ende verletzen.

Das heißt nicht, dass du vor Beziehungen davonlaufen sollst,
die Natur ist nicht dumm:
Mann und Frau zusammen ist in Ordnung,
einen Haushalt zu führen ist kein Hindernis für Freiheit.
Sogar all die Rishis und Götter führen einen Haushalt.
Du musst nur mit der richtigen Person zusammensein,
in die richtige Richtung gehen,
so dass du auf das Selbst ausgerichtet bleibst.

Erinnere dich einfach:
FREIHEIT zuerst!

Sex und geistige Hingabe können gleichzeitig da sein.
Bist du jetzt zufrieden?!

Es gibt keinen Konflikt zwischen Sex und
der Suche nach WAHRHEIT,
denn WAHRHEIT ist jenseits von allem;
jenseits von allen Konzepten und Aktivitäten.
WAHRHEIT ist nicht in irgendetwas verwickelt.
Sie ist vollkommen MAKELLOS und UNBERÜHRT.

Um ein wirklich Suchender zu sein, brauchst du deine Familie, dein Haus und dein Land nicht zu verlassen und in die Höhlen der Berge zu gehen. Nichts wird passieren. Es ist nicht so, dass dir die Höhle FREIHEIT gibt, es ist dein Streben! Dein Streben: „Ich werde in *diesem* Leben frei sein", genügt vollkommen. Halte dieses Streben wach! Ob bei der Arbeit oder beim Spiel, es wird dasselbe bleiben, und das wird sich am Ende für dich lohnen.

Du kannst also dein ganzes Leben und deine ganze Arbeit mit dieser STILLE verbinden, wohin du auch immer gehst, doch dein Entschluss muss fest sein wie ein Fels: „Ich werde frei sein, Ich werde in FRIEDEN sein, in LIEBE und SCHÖNHEIT, in dieser Lebensspanne, in diesem Jahr, heute!"

Der menschliche Körper ist ein sehr seltenes Geschenk der Natur.
Er ist ein Floß,
mit dem du den OZEAN des *Samsara* überqueren kannst.
Achte und verehre diese menschliche Geburt, verschwende sie nicht.
Sorge sehr gut für deinen Körper und deinen Geist,
steck den DIAMANTEN nicht in eine Plastiktüte.

Gesunder Verstand und Körper sind wichtig für FREIHEIT,
denn wenn Körper und Geist krank sind,
liegt der Schwerpunkt auf Krankheit und Krankenhäusern.
Krankheit und Schwäche stehlen zu viel Aufmerksamkeit
und erlauben es nicht, sich auf DAS auszurichten.

Die schlimmste Verschmutzung für den Körper sind schlechte Gedanken,
und der schlimmste Gedanke ist: „Ich bin der Körper".
Deine Ernährung ist auch wichtig, iss also sattvische Nahrung.
Einfaches Essen, mit LIEBE gekocht und mit Freunden gegessen,
schmeckt am besten, kümmere dich also gut um deine Ernährung.

Ein Verstand, der an irgendetwas anhaftet,
wird ein kranker, schwacher Verstand.
Ein schwacher Verstand wird weiterhin
dem Unrat der Anhaftung folgen,
und dadurch wird das Nervensystem zusammengedrückt
und geschwächt, so dass es
diese energetische Entscheidung für FREIHEIT
nicht handhaben kann.
Ein starker Verstand ist nötig, um einen starken Entschluss zu fassen
und mit der Kraft umzugehen, die damit einhergeht.

Um eine Krankheit zu heilen, musst du dich zuerst entschließen,
dass du frei von Schmerz und Leiden sein willst.
Ohne diesen Willen wird auch nichts anderes helfen.

Zu vergeben und zu vergessen ist die beste Medizin,
um alle Schmerzen zu heilen.
Lass den Gedanken, der den Schmerz verursacht
in die Gegenwart kommen
und entlasse ihn in die Leere.
Mache DIES JETZT!

Der Grund, warum jeder dem Tod entrinnen möchte,
ist, dass Ewigkeit unsere wahre Natur ist.

Den Tod braucht man nicht fürchten,
denn er ist eine erfreuliche und glückliche Gelegenheit,
und er verletzt nur jemanden
mit Ärger, Gier, Vorlieben und Abneigungen.
Der Tod kommt nur zu einem aktiven Verstand.
Sogar die Götter müssen dem Tod ins Auge blicken.

Alle sterben, doch es gibt keinen Kummer,
weil der Innewohnende lebt.
Tod ist nur die Rückkehr der fünf Elemente zu sich selbst.

Die Essenz der Welle, des Ozeans und des Regentropfens
ist immer Wasser: Nichts kann verloren gehen.
Wenn ein Regentropfen den Ozean berührt, wird er zum Ozean.
Fürchte also nicht den Tod,
denn nichts kann jemals verloren werden,
und nichts kann jemals gewonnen werden.

Der Tod nimmt nur diejenigen, die etwas geworden sind,
der Tod nimmt nur den Körper, das Kleid.
Tod ist eine dumme Vorstellung.

Samsara ist Begehren, Begehren ist *Samsara*.
Begehren erschafft den Traum und fördert ihn.
Im letzten Moment des Seins in diesem Körper
werden sich alle schlafenden Neigungen,
Ängste und Sorgen dieses Traumes
vor dir manifestieren.
Der Gedanke, der dich am meisten interessiert,
der liebste Gedanke, den du siehst
in diesem Strom geistigen Geschehens,
wird deine nächste Geburt sein!
Jede Fußspur deiner Erinnerung wird deine nächste Geburt sein.
In diesem Augenblick erinnere dich nur an das SELBST.

Wenn dann das Herz anhält,
wird das EWIGE HERZ übernehmen.
Mach dir also keine Sorgen:
Wenn der Tod kommt, gehe lachend!

Es gibt nur einen Weg, dem Tod zu entgehen.
Kenne dein SELBST, JETZT.

Freiheit, Befreiung, Erleuchtung:
Dies ist dein eigenes grundlegendes, ultimatives selbst,
dies ist Sein, nicht einmal: „Ich bin Sein“,
nur Sein! Dies ist ein stiller Geist.

Diese Stille ist die größte Vollendung.

Erleuchtung ist, deine wahre Natur zu kennen,
Dies ist STILLE, DIES ist, alles zu wissen.
Freiheit ist, dies mit jedem ATEMZUG zu wissen.
Diese BEFREIUNG ist STILLE und rührt die Dualität nicht an.
Diese STILLE ist kein Handelnder und ist
die Sprache des FRIEDENS.

Wahre Meditation ist FREIHEIT,
und dies ist, in der QUELLE des Meditierenden zu bleiben.
Alles andere ist nur eine Art von Konzentration.
Wahre Meditation beginnt nicht und endet nicht.
Vielmehr ist die wahre Kunst des Meditierens, immer zu meditieren.
Man muss nirgendwo ankommen, es gibt nichts zu tun.
Meditation ist, einfach ZUHAUSE zu bleiben, als SEIN.

Als Präsenz zu bleiben, ist FREIHEIT,
in der Vergangenheit zu bleiben, ist *Samsara.*
Freiheit ist immer HIER im HERZEN aller WESEN.
Sie ist vor dir, innen, außen, ÜBERALL!
Was ist Gefangensein, wenn FREIHEIT immer ist?
Was ist nicht die WAHRHEIT?

In FREIHEIT gibt es kein Richtig und kein Falsch.
In FREIHEIT ist Freiheit von Richtig und Falsch.
In FREIHEIT gibt es keinen Prozess oder Weg,
kein Hier, kein Dort, kein Dies, kein Das, kein Innen, kein Außen,
keine Mauer, keine Tiefe, kein Verstehen.

Nichts ist geschehen,
Nichts geschieht,
Nichts wird jemals geschehen.
Kein Verstand, kein Gefangensein, keine Freiheit.

In WEISHEIT gibt es keine Erscheinung,
da ist kein Gebender und kein Nehmender, und deshalb
ist das Leben sehr schön, ist die Welt sehr schön,
sind Beziehungen sehr schön,
denn sie sind alle mit deinem SELBST.

DAS HÖCHSTE wird verdeckt von Name und Form,
doch wenn die WAHRHEIT erkannt ist,
wird sie Name und Form verdecken.

Verwirklichung enthüllt, dass du schon FREI bist.
Sie ist immer HIER und befreit dich nur von deiner Gefangenschaft.
Sie wirft den Eimer deiner Individualität
in den BRUNNEN des SEINS, ohne die Seile
des Begehrens, der Absicht, des Gedankens oder der Anhaftung.
Versuche nicht, irgendwohin zu gehen, sei einfach.
Das einzig „Notwendige" ist, zu SEIN, noch nicht einmal, zu sehen.
Es ist so leicht, dass es schwierig ist.
Es ist HIER und JETZT, in eben diesem AUGENBLICK.

Es gibt kein Heute, Gestern oder Morgen im JETZT.
Wenn nichts jemals existiert hat, wovon kann man dann frei sein?
Leere muss geleert werden von der Leere,
Freiheit muss frei sein von Freiheit.

In FREIHEIT gibt es nichts zu tun und nichts nicht zu tun.
Man kann sie sich nicht vorstellen oder berühren.
Die menschliche Geburt ist wegen dieser Freiheit,
rieche also FREIHEIT, atme FREIHEIT, sei FREIHEIT.
Jeden Augenblick ist FREIHEIT hier, um dich zu umarmen.
Ewigkeit ist JETZT, lebend von Moment zu Moment.

Die Sonne wollte die Nacht sehen,
also erschien sie um Mitternacht.
Doch immer noch konnte sie keine Nacht oder Dunkelheit finden!
So ist es mit der Unwissenheit: Ein Blick und sie ist vorbei!
Es gibt keine Unwissenheit, es gibt nur WAHRHEIT!
Es kann keine Dunkelheit im LICHT geben!
Mit dem SONNENAUFGANG verdampfen die Nebel der Illusion.

Wenn der Verstand rein ist und es keine Wellen gibt,
wirst du wissen, dass du alle Wesen gekannt hast
seit dem Anfang der Schöpfung.
Ein kurzer Einblick in diese SCHÖNHEIT ist genug
für LEBENSLANGE FREIHEIT.
Beseitige Name und Form und du wirst sehen,
und dieses SEHEN ist SEIN!

Ich bin reines GEWAHRSEIN!
Bleibe als das.

Ja, ich habe! Ich habe ein Ego. Es dient mir gern als Dienstmagd. Ohne eine Dienstmagd kann das Haus nicht funktionieren. Sie ist sehr hilfreich und kümmert sich um die aufkommenden Situationen, ohne mir überhaupt davon zu berichten. Ich kann mich nicht über das Ego beschweren. Lass es in meinem Haus leben, ich habe kein Problem mit ihm. Ich finde keinerlei Feindschaft zwischen ihm und mir. Es ist vollkommen glücklich.

Und Gedanken steigen auf, wenn sich die Gelegenheit ergibt. Doch ich laufe ihnen nicht hinterher, um sie einzusammeln und sie zu benutzen, so wie ich auch kein Auto auf der Straße packe, wenn es vorbeifährt. Doch die meisten Leute rennen hinter dem Auto her und versuchen, sich dranzuhängen. Ich lasse das Auto kommen und ich mache mir nichts daraus, wenn es verschwindet. Ich bin nicht das Auto!

Wenn du denkst, dass das „Ich" nach der Verwirklichung bei dir bleibt, dann hast du den Unterschied nicht verstanden zwischen dem „Ich", das du verwendest, und dem „Ich", das ich verwende. Das macht den Unterschied! Das „Ich", das die meisten Menschen verwenden, verweist auf das Ego, den Körper, den Verstand und die Sinne. Es meint jemanden, der geboren wurde. Du glaubst, dass du eine Form hast, und deshalb möchtest du einen Namen, und der grundlegendste Name ist „Ich". Doch wenn du schläfst, gibt es kein „Ich". Wer ist also da, wenn du schläfst und wenn du wach bist?

Sei einfach still und schau nicht auf die Stille
oder auf die Form oder den Namen. Dann wirst du sehen,
dass eine gewisse Art von Gewahrsein bereits da ist.
Dies nennt man *„Aham Brahmasmi"*.

Fass für eine Sekunde kein Objekt an,
keinen Ort und kein Konzept, und du wirst sehen,
dass es da ein Über-Bewusstsein gibt, ohne Namen
und Form. Es ist das, was dein wahres „Ich" ist.
Wenn du zu diesem gehst, ist nicht mehr da das sagt „Ich"!
Swami Rama Tirtha spricht von diesem „Ich" so schön.
Mit vierundzwanzig Jahren erkannte er sich selbst und sagte:

Wenn ich aufwache, erwacht die ganze Welt.
Wenn ich esse, isst die ganze Welt.
Wenn ich schlafe, schläft die ganze Welt.

Lass diesen Körper gehen, mich kümmert's nicht,
denn ich bewege mich als Wind
und küsse die Blumen und Pflanzen
und berühre die Wasserfälle des Himalaya!

Mitgefühl ist ein Juwel,
das an dem, der frei ist, in seiner ganzen Schönheit erstrahlt.
Du kannst diese Art von Mitgefühl nicht praktizieren,
denn Das ist alles dein eigenes Selbst, wer sollte also helfen.
Dieses Mitgefühl kann sich als ein Mensch inkarnieren,
als der *Bodhisattwa.*

Mitgefühl ist dein Dharma,
das erscheint, wenn sich das Handeln auflöst.

Du bist für deine Familie und Freunde verantwortlich,
dieser *Satsang* muss also weitergehen.
Sobald du die Wahrheit kennst, musst du sie teilen.
Lass alle anderen deine Freude genießen, sei kein Geizkragen.
Halte nichts zurück, gib alles,
Liebe alles, ganz gleich, was, Liebe alles
und ehre jeden, denn alles ist deine eigene Projektion.
Kein *Jiva* darf leiden, alle *Jivas* sollen glücklich sein.
Ärgere kein Wesen, und lass kein Wesen dich bekümmern.
Niemand sollte Schaden nehmen.

Bleibe in Frieden, das ist deine Verantwortung.
Der Planet wird sehr schön sein,
wenn du einfach in Frieden bleibst.

Die verbleibende Zeit in diesem Körper sollte dafür genutzt werden, allen anderen auf dem Planeten in jeder Hinsicht zu helfen.
Bleibe SEIN und hilf jedem.
Dies ist kein Wunsch, sondern natürliche Hingabe:
Du bist nur ein Werkzeug, wie ein Bankkassierer,
es ist nicht dein Geld, das du verteilst,
du bist nur das Instrument.
Gib immer, und du wirst niemals etwas brauchen.
Wenn du nicht gibst, wirst du immer bedürftig sein.

Löse dich in das SELBST auf,
und für die ganze Welt ist gesorgt.
Wenn du dem Planeten helfen willst,
lebe dieses Leben des MITGEFÜHLS für alle WESEN.
Lebe dieses Leben der LIEBE.

Nichts hat jemals existiert;
nicht einmal die Schöpfer, die die Schöpfung kreierten.
Weit jenseits davon. Dort existiert niemand.
Dort scheint die Sonne nicht,
dort spiegelt sich nicht der Mond,
dort erscheinen nicht die Sterne.

Das ist der Ort zum Verweilen für dich,
wo niemand sonst ist.

Freiheit ist der Beginn von etwas,
das NIEMAND kennt:
Satsang hat kein Ende,
er ist immer neue, unerschöpfliche GLÜCKSELIGKEIT.

Die FESTE Überzeugung,
Existenz-Bewusstsein-Glückseligkeit zu sein,
ist das Ende der LEHRE.
Und doch gibt es ein GEHEIMNIS, sogar jenseits von diesem.
Dieses heilige Geheimnis muss im Geheimen erfragt
und heilig befolgt werden.

Gehe stets zur QUELLE.
Lass dich noch nicht einmal in der QUELLE nieder,
sondern gehe auf ewig tiefer.
Noch JENSEITS davon IST ES.

Du musst den letzten halben Schritt machen
von FRIEDEN-GEWAHRSEIN-GLÜCKSELIGKEIT
in das MYSTERIUM jenseits des Verstandes.

Wenn du das MYSTERIUM wirklich liebst, das allseits mitfühlende MYSTERIUM, dann wird es dir das MYSTERIUM offenbaren, und du wirst dieses MYSTERIUM SEIN, aber du wirst nicht in der Lage sein, das zu beschreiben, was du gesehen hast. MYSTERIUM und SCHÖNHEIT und FRIEDEN und LIEBE sind alle ein und dasselbe.

Durch jede Pore deines Körpers spricht die Liebe selbst,
du brauchst deinen Mund nicht zu öffnen,
es gibt kein Wort für LIEBE.
Worüber du sprechen und
was du erfahren kannst, ist nicht LIEBE.
Alle Gedanken und Reden sind Philosophie, nicht LIEBE.

Für alles andere musst du arbeiten.
Es gibt *Sadhanas* und Pfade und Wege,
aber es gibt keinen Pfad zur LIEBE.
Es gibt kein Zentrum, das dir LIEBE beibringt.

Knochen werden in wahrer LIEBE schmelzen,
ganz zu schweigen von Verstand und Ego.
Nichts existiert in WAHRER LIEBE.

Sehne dich also nur nach deinem eigenen SELBST,
und du wirst DAS SEIN.
Sich Zeit zu nehmen, ist nur Aufschub
und Interesse an etwas anderem.

LIEBE ist der spontane
Bewohner deines HERZENS.

Manche Leute sagen,
in der LEERE sei keine LIEBE und keine SCHÖNHEIT.
Diese Traditionen und Lehrer sagen,
dass LEERE leer von allem ist.
Dies ist nicht meine Erfahrung.

Liebe ist die UNERMESSLICHKEIT der LEERE,
das HERZ der LEERE selbst.
Wenn man in den Tiefen der LEERE ankommt,
ist da LIEBE und SCHÖNHEIT!
Es ist sehr SCHÖN.

In LIEBE *bist du* LIEBE,
WER wird zu WEM sprechen?
SCHAU Es einfach an, und es wird geschehen.
Alles ist künstlich, ALLES
außer LIEBE.

Wenn du LIEBST, weißt du, wie man LIEBT,
sonst nicht.
Es kommt von selbst von INNEN,
du brauchst nichts dafür zu tun.
Dann, wenn LIEBE HIER ist, ist alles Übrige beendet.
Da gibt es keine Anhaftungen an irgendetwas,
da ist nur LIEBE,
die sich selbst LIEBT.

Es gibt einen ständigen, unergründlichen Sog der Liebe
hinein in die Liebe,
eine Unterströmung
des sich ewig in das Selbst ausdehnenden Selbst.
So erlebe ich Liebe als die Tiefe der Leere.
Je mehr du in diese unermessliche Tiefe hineingehst
umso mehr wirst du gezogen, angezogen und darin aufgelöst.
Diese Schönheit ist Anziehung, und wenn du tiefer hineingehst,
wirst du jeden Augenblick noch mehr in Liebe sein.

Dieser Moment ist reine Liebe,
die absolut für immer ist.
Alles ist Liebe, alles ist diese Liebe,
es gibt kein Entkommen!

ॐ

Liebe ist das Selbst,
und dies ist so vollkommen,
dass es nicht einmal Verstehen braucht.
Es gibt nichts außer Liebe.
Sie ist die Quelle der Freude.

Hier,
Hier ist das Geheimnis der Liebe:
Hier ist es!

Erst sei in Liebe.
Dann, wenn noch Zeit ist, kannst du darüber sprechen.
Kein Kopf wird gebraucht,
um von der Liebe zu sprechen, nur Herz.
In diesem Herzen braucht man keine Landkarte,
um Heim zu kommen.

Das Einfachste ist, hier in dieser Liebe zu sein,
alles andere ist Anstrengung und macht Mühe.

Beseitige alle Vorstellungen: dies ist Liebe.

ॐ

LIEBE, das HERZ, dieser MOMENT, ist die WAHRHEIT.
Um diese LIEBE überall zu sehen, schau nur von der LIEBE aus.
Sieh aus dem HERZEN, und du wirst nur HERZ sehen,
doch siehst du aus dem Ego, wirst du Ego sehen.

Dieser Moment der LIEBE gehört nicht
zu einem „Ich“ oder „Du“, und deshalb bin ich in LIEBE.
Wenn Verstand „Kein-Verstand“ ist, ist er HERZ.
Herz ist das SELBST, ist *ATMAN*, ist LEERE.

Was unbekannt ist, ist DAS, was GELIEBT werden muss.
Das GELIEBTE ist vor dem Wissen da.
Es ist FREIHEIT, es ist UNERMESSLICHE LIEBE,
aus der EXISTENZ, BEWUSSTSEIN und GLÜCKSELIGKEIT entstehen.

Dies ist deine eigene Schöpfung, genieße sie also:
LIEBE alles: SEI und verströme LIEBE.

Als LIEBE
sitzt du im HERZEN aller WESEN
und sie in deinem.

Hier in deinem HERZEN
kannst du alles sehen,
weil alles von hier aus projiziert wird.

Die Rose ist STILL, und doch ist sie anziehend.
So haben auch jene, die in LIEBE sind, Gesichter,
die in SCHÖNHEIT erstrahlen.
Wenn du die LIEBE nicht halten kannst,
wenn du sie nicht tragen kannst,
dann verteile sie an alle, denn sie ist immer VOLL.

LIEBE alles, ganz gleich, was, LIEBE alles,
das wird alle Schlachten gewinnen.

Liebe liebt dich immer.
Ohne diese Liebe kannst du nicht atmen,
so wie du ohne Luft nicht leben kannst.

Liebe ist Meditation, Meditation ist Liebe.
Herz hat keine Grenzen;
meditiere über dies.

Du bist diese Liebe, du bist Das.
Sei einfach still und bleibe so.

Ich danke dir.

Ich liebe dich.

ॐ

Glossar

Advaita (wörtl.: nicht zwei) Schule des *Vedanta*, die die Einheit von Gott, Seele und Welt lehrt. Als Hauptvertreter gilt *Adi Shankara*.

Ahimsa Gewaltlosigkeit.

Arunachala Heiliger Berg in Tiruvannamalai in Südindien, der als *Shiva* gilt. Sri Ramana Maharshi nannte Arunachala seinen Guru. Er kam dort im Alter von sechzehn Jahren an und ging nie wieder fort.

Ashram Im alten Indien eine hinduistische Einsiedelei, in der Weise in Frieden und Stille zurückgezogen in der Natur lebten. Heutzutage bezeichnet der Begriff *Ashram* eine Einrichtung, einem Kloster ähnlich, in der sich Menschen spirituell entwickeln können; oft um einen spirituellen Meister oder Mystiker.

Atman Individueller Aspekt des höchsten Selbst.

Bhagavan/Bhagwan Personale Form der absoluten Wahrheit; wird als Titel für hochangesehene Meister gebraucht.

Bhakta Verehrer Gottes; Anhänger eines spirituellen Lehrers oder Guru.

Bhakti Hingabe, Liebe; einer der traditionellen Hauptwege zur Gotteserkenntnis.

Bodhisattva Einer, der vollständige Befreiung erlangt hat; erleuchtetes Wesen, das nicht mehr im Kreislauf der Wiedergeburt gefangen ist, doch aus Mitgefühl solange wieder inkarniert, bis alle anderen fühlenden Wesen erwacht sind.

Brahmajignyasa Spirituelle Erforschung in die Natur der eigenen Identität.

Dharma Praktizieren oder auch Weg der Wahrheit.

Guru Spiritueller Lehrer; der Begriff wird im Hinduismus, Buddhismus und Sikhismus verwendet, wo er für

Wissen und geistige Führung steht. Den wahren Guru zu finden, gilt als wichtige Voraussetzung für die Erlangung von Selbsterkenntnis.

Jiva (wörtl.: lebendes Wesen) Die individuelle unsterbliche Seele, die sich bis zu ihrer endgültigen Befreiung immer wieder neu inkarniert. In ihrer Essenz ist sie Eins mit der universellen Seele.

Jnana Marga Weg des Wissens.

Jnani Wissender; jemand, der das Selbst erkannt hat.

Kali Yuga Zeitalter des Streites, das letzte von vier Zeitaltern, den Yugas, in der hinduistischen Kosmologie. Es gilt als das Zeitalter des Verfalls und des Verderbens.

Karma (wörtl.: Handlung, Tat) Kosmisches Gesetz von Ursache und Wirkung; Resultat vergangener Handlungen eines Wesens (*Jiva*), das auch in späteren Leben eintreten kann; die Summe aller Verdienste und Fehler aus vergangenen Handlungen.

Kusanga Schlechte Vorstellungen.

Lila Spiel Gottes, göttliches Spiel.

Maharshi „Großer Weiser"; Sri Ramana Maharshi.

Mantra (wörtl.: Werkzeug für den Verstand) Klangschwingung in Form einzelner Silben oder Wörter, die entweder mündlich oder nur gedanklich wiederholt werden und dazu dienen, den Verstand zur Ruhe zu bringen oder andere Effekte zu erzielen. Bekanntestes *Mantra* ist der Urklang *Om*.

Maya Die Welt als Illusion, in der alle Formen als wirklich erscheinen; Unwissenheit über die Wirklichkeit.

Nirvana Auslöschen, wie eine Flamme. Beseitigung von Wünschen, Leidenschaft und Ego; Befreiung, charakterisiert durch Freiheit und Glückseligkeit.

Om Kosmischer Urklang. Eines der bekanntesten und kraftvollsten *Mantras*.

Papa; Papaji	Onkel, Großvater, Ausdruck des Respekts.
Pandit	Indischer religiöser Gelehrter; brahmanische oder auch allgemein universitär ausgebildete Person.
Rakshasa	Dämonen, böse Geister in der indischen Mythologie, oft als Tiere dargestellt.
Rishi	Ein Seher oder Weiser.
Sadhana	Spirituelle Disziplin und Praxis.
Sahaja Samadhi	Höchster Erleuchtungszustand, da mühelos und permanent.
Samsara	Kreislauf von Tod und Wiedergeburt, verursacht durch Illusion und Verlangen.
Sanskrit	(wörtl.: rein, geweiht, geheiligt) Alte Sprache der *Veden*, die im Hinduismus und Buddhismus als „Sprache der Götter" gilt. In der Gegenwart wird *Sanskrit* fast ausschließlich im religiösen und wissenschaftlichen Diskurs verwendet. Ursprung der meisten europäischen Sprachen.
Sat	Wahrheit.
Satguru, Sadguru	Der Guru, der den Schüler zur Freiheit führt, zur Erkenntnis des Selbst.
Satsang	(wörtl.: Beisammensein in Wahrheit) Das Treffen eines *Guru* mit seinen Schülern.
sattvisch	Rein. Eingedeutschtes Adjektiv von *Sattva*, dem höchsten der drei *Gunas*.
Shakti	Kraft des Werdens, Schöpfungsenergie; als Göttin weiblicher Aspekt Shivas.
Shiva	Neben *Brahma* (der Schöpfer) und *Vishnu* (der Erhalter) einer der drei hinduistischen Hauptgötter; steht für das Prinzip der Zerstörung.
Swami	Religiöser Titel für Meisterschaft und Gelehrtheit.
Swami Rama Tirtha	Indischer mystischer Poet (1873-1906). Dem *Samadhi* ähnlicher Zustand reinen Bewusstseins.

Tapas	Reinigende Handlung, Selbstbeherrschung und Askese.
Vairagya	Nichtverhaftetsein, Leidenschaftslosigkeit gegenüber den Freuden und Schmerzen der materiellen Welt. Suche, Erforschung.
Vedisch	Aus dem Veda (wörtl.: Wissen), religiöse Texte und Offenbarungen, eine der vier klassischen Schriften des Hinduismus.
Vichara	Suche, Erforschung.
Viveka	Unterscheidungsvermögen zwischen dem, was real und dem, was nicht-real ist.
Yoga	(wörtl.: Vereinigung) Lehre und Praxis, die aus der *vedischen* Philosophie hervorging.
Yogi	Jemand, der Yoga praktiziert.

Kontaktadressen

Für weitere Informationen zu Publikationen
über das Leben und die Lehren von Papaji

kontaktieren Sie:

Satsang Bhavan, Lucknow in Indien
papaji@lwlvsnl.net.in
www.papaji.com

Avadhuta Stiftung
mail@avadhuta.com
www.avadhuta.com

The Truth Is von H. W. L. Poonja
prashanti@igc.org
www.poonja.com

Open Sky Press
office@openskypress.com
www.openskypress.com

ॐ

Sri H.W.L. Poonja (Papaji)

13. Okt. 1910	Geboren in Gujranwala, Punjab, Indien (heutiges Pakistan), als Hari Wench Lal Poonja, in eine *Brahmanen*-Familie.
1911	Sein erstes *Samadhi* im Alter von acht oder neun Jahren.
1911-1944	Leidenschaftlicher Verehrer Krishnas.
1930	Mit zwanzig Heirat mit einem *Brahmanen*-Mädchen. Sie haben zwei Kinder. Eintritt in die Armee in Chennai, Tamil Nadu. Seine Sehnsucht nach Gott bringt ihn dazu, einen Guru zu suchen.
1944	Mit einunddreißig realisiert Poonjaji das Selbst in der Gegenwart seines Gurus Sri Ramana Maharshi.
1947	Indien wird geteilt. Sri Ramana schickt Poonjaji fort, um seine Familie von Punjab ins sichere Lucknow, Nordindien, überzusiedeln.
1950	Sri Ramana stirbt. Poonjaji arbeitet in einem Bergwerk in Kerala, Südindien, um seine Familie zu ernähren.
1965	Pensionierung. Er geht zurück zu seiner Frau und seinen Kindern nach Lucknow.
1966	Beginnt durch Europa und Nordamerika zu reisen. Sein Ruf als Mann, der das Selbst erkannt hat und als Guru wächst.
1968	Begegnet seiner belgischen Schülerin Ganga, mit der er zusammen reist. Sie haben eine Tochter, Mukti.
1988-1989	Er beginnt, *Satsang* in Lucknow zu geben. Nach Oshos Tod 1990 kommen viele Anhänger ihn besuchen.
1991	Umzug in die Satsanghalle, *Satsang Bhawan*, weil die Besucherzahl stark ansteigt. Seine Schüler beginnen, ihn liebevoll Papaji zu nennen.
06. Sept. 1997	Papaji stirbt. Seine Asche wird in den Ganges gestreut.
13. Okt. 2010	Einhundertster Geburtstag.

With Love

Facetten des Erwachens – Indische Meister ist ein Archiv von außergewöhnlichem Video-, Audio- und Printmaterial; eine wundervolle Sammlung authentischer Weisheitslehre. Sechzehn indischen Meistern werden jeweils die gleichen Fragen zur Lehre Sri Ramana Maharshis gestellt. Die Fragen beziehen sich auf die Themen, die jedem begegnen, der sich auf der spirituellen Reise befindet.

Papaji – Kraft der Gnade ist ein Buch mit fünfzehn kraftvollen Interviews mit Menschen, die ein Erwachen bei dem indischen Meister Papaji (H.W. L Poonja) erlebt haben. Es sind Geschichten einer Hausfrau, eines Geschäftsmanns und sogar eines Offiziers eines atomgetriebenen Flugzeugträgers. Allen, unabhängig von ihrer Herkunft, war die Sehnsucht gemein, die immerwährende Wahrheit darüber herauszufinden, wer sie sind.

OPEN SKY PRESS

Tel +49 (0) 2173 1016070 Fax +49 (0) 2173 4099205
distribution@openskypress.com
www.openskypress.com